허균,
서울대 가다

탐 철학 소설 36

허균, 서울대 가다

초판 1쇄	2018년 2월 23일
초판 2쇄	2021년 9월 17일

지은이	김경윤

책임 편집	김하늘
마케팅	강백산, 강지연
디자인	이미연
표지 일러스트	박근용

펴낸이	이재일
펴낸곳	토토북

주소 04034 서울시 마포구 양화로11길 18 3층 (서교동, 원오빌딩)
전화 02-332-6255 | 팩스 02-332-6286
홈페이지 www.totobook.com | 전자우편 totobooks@hanmail.net
출판등록 2002년 5월 30일 제10-2394호
ISBN 978-89-6496-364-7 44100
ISBN 978-89-6496-136-0 44100 (세트)

● 이 책의 사용 연령은 14세 이상입니다.
● 탐은 토토북의 청소년 출판 전문 브랜드입니다.

허균,
서울대 가다

김경윤
지음

36

탐
철학
소설

탐

차례

부록

허균은 천지 사이의 한 괴물입니다.

– 《광해군일기》 10년 4월 29일

허균을 쓰겠다고 했다. 스피노자, 박지원, 묵자와 양주를 써 보았더니 이제 철학 소설류의 글쓰기에 탄력이 붙었다. 게다가 허균은 누구나 군침을 흘릴 만한 인물이었다. 선조 때 태어나 풍운의 삶을 살다가 광해군 때 역모죄로 체포되어 능지처참당한 허균. 《홍길동전》을 저술한 작가이자, 스스로 홍길동이 되어 세상을 뒤엎고자 했던 그는 시대의 풍운아였고 혁명가였다. 프롤로그까지는 쉽게 쓸 수 있었다.

그러나 역사는 나에게 허균의 저술을 쉽게 허락하지 않았다. 2014년 4월 16일 세월호가 침몰했다. 원통함과 분노로 열을 내다가, 눈물과 좌절로 기운을 잃었다. 사망자 수는 늘어가고 추운 겨울이 와도 진상은 밝혀지지 않았다. 거리마다 촛불이 밝혀졌다. 그리고 광화문에는 언제 철거될지 모르는 텐트가 하나둘 쳐졌다. 2014년 12월에는 쌍용자동차 해고 노동자들이 평택 공장의 70m 굴뚝에 올랐다. 대기업 노동자라고 해서 안락한 삶이 보장되지 않았다. 수많은 노동자가 자살했다.

수많은 세월호가 침몰하고 있어도 아무도 책임지지 않는 나라에 살고 있음을 매일 확인했다. 나라를 책임지는 대통령은 무능했고, 측근들은 교활했다. 2016년 10월 '최순실 게이트'가 보도되자 나라가 들썩였다. 2016년 10월 29일 광화문에서 대규모의 촛불 시위가 시작되었다. 거의 매주 광화문으로 나갔다. 2016년 12월 9일 국회에서 대통령 탄핵안이 가결되었다. 그리고 2017년 3월 10일 박근혜 대통령이 탄핵당하였다. 세상은 축제 분위기였다. 그러나 나는 그 축제를 즐길 수 없었다.

2017년 5월 10일 문재인 후보가 대통령으로 당선되었다. 촛불 혁명의 결과였다. 한편으로는 서울대 총학생회의 서울대 본관 점거 농성사태가 있었다. 150일을 넘는 최장기 점거 농성이었다. 서울대의 민주화를 외치는 목소리는 아직도 진행 중이다. 아직도 우리 사회는 미완의 혁명으로 고통받고 있었다.

쓰겠다고 약속해 놓고 많은 세월이 흘렀다. 이제는 허균을 써야겠다고 생각했다. 허균을 우리 사회로 소환했다. 그리고 역사 현장에서 어떻게 성장할지 상상했다. 고전을 읽는 이유는 현실에 사는 나의 거울 역할을 삼기 위해서다. 역사를 읽는 이유는 과거와 같은 잘못을 다시는 반복하지 않기 위해서다. 만약 허균이 오늘날 태어난다면 어떻게 세월호를, 촛불을, 쌍용자동차 사태를, 서울대 사태를 감당할까? 그리고 그 과정을 거치면서 어떻게 성장할까?

소설에는 역사 속에 등장하는 허균의 주변 인물들이 새롭게 각색되어 등장한다. 허균의 형인 허봉은 쌍용자동차 해고 노동자로 등장하고, 친구들은 또 다른 홍길동이 되어 허균과 함께 새로운 세계를 꿈꾼다. 누나인 허초희(허난설헌)는 이혼하고 홀로서기를 하는 페미니스트가 된다. 허균은 서울대에 입학하여 교육혁명을 꿈꾼다. 모두가 다 허구이지만, 어차피 소설은 허구이니까, 나름으로 열심히 살아간다.

나는 오늘날을 살아가는 청소년과 청년의 삶을 생각한다. 그 속에는 나의 두 아들도 있다. 그리고 나와 함께 지역에서 새로운 삶을 모색하는 청년들도 있다. 삶은 힘들고 슬퍼도 괜찮다. 삶은 비극이지만, 그 비극 속에서 희망을 발견할 수 있다면, 삶의 의미를 되찾을 수 있다면 다시 살아갈 힘이 생기니까. 곁에 손잡아 주고 함께 이 세월을 살아갈 가족과 동료와 이웃이 있다면 오늘이 외롭지만은 않을 것이다.

이제 허균을 세상에 내놓는다.
그동안 내 가슴속에서, 이 역사 속에서 사느라 고생했다.
세상에 나왔으니, 우리 함께 이 세상을 살아 보자.

2018년 새해
김경윤

싸가지 없는 아이들,
무륜당(無倫堂)

"아저씨 오늘 신문 기사 보셨어요?"

"무슨 기사?"

"자본주의에 분노한 수천 명의 미국 시민이 월스트리트를 점령했다는 기사요."

허균은 얼굴이 붉어져서 신문을 손곡서점 주인 이달[1]에게 내밀었다. 갸름하지만 각진 얼굴에 굵은 눈썹, 맑은 눈동자, 얇지만 굳은 입술. 누가 보아도 수재형 얼굴이었다. 이달은 총명하면서도 위험한 기운을 보이는 균을 아꼈다. 어릴 때부터 균을 보아 온 이달은 문재(文才)가 뛰어난 균이 정치에 관심이 많은 것이 조금은 불안했다. 균의 형인 허봉[2]의 부탁으로 균에게 문학을 가르친 지가 벌써 10년째다. 균은 마치 자신의 어린 시절을 보는 듯했다. 조숙한 천재. 세상을 넘어서기에는 너무 어리고, 세상과 타협하기에는 너무 젊은. 곧은 나무가 강한 바람에 부러지듯, 쉬이 부러질 것 같은 성품. 그래서 그 강기

(剛氣)를 완화하기 위해 문학을 가르쳤던 것이다. 하지만 균은 어린 시절부터 정치적 사건에 민감했다. 운명인가?

이달은 무심하게,

"그 기사는 지난주부터 외신을 통해서 계속 나왔던 이야긴데."

하며 2011년 9월 17일 자 기사부터 스크랩한 것을 보여줬다. 균은 이달이 넘겨준 기사를 살펴보았다.

9월 17일 미국 맨해튼의 주코티 공원에서 'Occupy Wall Street(월가를 점령하라)'를 구호로 월가 시위는 시작됐다. 이후로 'We are the 99%(우리는 99%다)'라고 목소리를 높이는 시위가 세계 각국으로 퍼졌다.

2011년 9월 17일, 여자, 남자, 젊은이, 노인, 유색인, 백인, 학생, 교수, 작가, 예술가, 노동자 등 시민들이 거리로 쏟아져 나왔다. 1%를 위한 자본주의에 분노한 수천 명의 보통 사람들은 월스트리트를 점령했고, 그중 약 300명이 주코티 공원에서 첫날을 보냈다. 그들은 토론하고 의사 결정을 하고 화합하고 연대했다.

시위대 규모가 확대되면서 긴장한 뉴욕 현지 경찰 당국의 대응도 강경해져 증권거래소 주변에 바리케이드를 설치하고 시위대에 최루가스를 뿌리기도 했으며, 현재까지 경찰에 체포된 사람만 100명에 이른 것으로 전해지고 있다.

시위가 시작된 지 일주일이 지난 9월 24일, 경찰이 시위대를 봉쇄하고 여성 시위자들을 향해 최루액을 뿌리는 사건이 발생했고, 경찰의 폭력성은 점령 운동에 새로운 동력을 제공했다. 당시 동영상은 전 세계로 퍼져 나갔고, 이에 항의하는 10월 1일의 시위에서는 700여 명의 사람들이 연행되면서 점령 운동의 저항 정신에 불을 지폈다.

주코티 공원에서 살았던 사람들의 목소리는 너무도 다양했다. 단일한 메시지나 요구 사항으로 뭉친 것이 아니라 다양한 그룹의 서로 다른 목소리를 감싸고 있었기 때문. 공원 점령 기간이 장기화하면서 공원은 서쪽과 동쪽으로 성향이 나뉘었고 공원 중간에 키친이나 시민 도서관, 법무 지원 조직, 미디어 센터, 명상 코너에 의료 센터까지 생겨났다.

균은 이런저런 기사를 보면서 얼굴이 환하게 밝아졌다.

"이건 점령이 아니라 축제네요?"

"즐거운 혁명이지."

이달은 책을 정리하며 대꾸했다. 균은 눈을 동그랗게 뜨며 궁금증을 드러냈다.

"즐거운 혁명이요?"

이달이 말을 이었다.

"축제 같은 저항 운동, 단일한 목소리가 아니라 다양한 목소리의 화음, 새로운 문화의 창조. 경찰의 진압 방식과는 다른 저항 방식, 자신이 사는 현실의 구체적 문제 제기. 우리 시대의 혁명은 이런 모습이 아닐까?"

"그럴듯한데요."

"그렇지."

책꽂이에 신간을 꽂던 이달은 균 쪽으로 고개를 돌렸다.

"그나저나 오늘은 일찍 왔네?"

"네, 오늘 이 서점에서 독서 모임을 만들려고요."

"누구랑?"

"술 먹는 친구들이요."

"잘들 논다. 고등학생이 술 먹는 게 공통점이냐?"

"그러니까 책 읽으면서 술 먹으려고요."

"안주는 먹고 다니냐?"

"고등학생이 무슨 돈이 있다고 안주발 세워요. 있으면 먹고, 없으면 안 먹는 거지요."

"모임 이름은 정했니?"

"그럼요. 철부지회입니다."

"이름 참 운치 없다. 무륜당(無倫堂)[3]이 어떠냐?"

"뭔 말씀이래요?"

"철부지를 근사하게 한자로 바꿔 본 것이다. 없을 무(無), 윤리 륜(倫), 집 당(堂). 이른바 싸가지 없는 아이들."

"크크크, 그럴듯한데요. 아이들한테 이야기해 볼게요."

서점 문이 열리면서 경쾌한 종소리가 들렸다. 제멋대로 생긴 고등학생들이 우르르 들어왔다. 균은 손을 들어 표시하며 중얼거렸다.

"호랑이도 제 말 하면 온다더니."

이달은 피식 웃으며 물었다.

"쟤네들이 호랑이냐?"

"아직은 고양이죠."

일곱 명의 자유분방한 고등학생들은 서로 나서며 이달에게 인사했다.

"원주공업고등학교에 다니는 박응서입니다."

"같은 학교에 다니는 서양갑입니다."

그렇게 심우영, 이경준, 박치의, 박치인, 김경손 등이 인사를 하느라 서점이 시끌시끌해지자, 균은 아이들을 데리고 공부방으로 들어갔다. 주변이 조용해졌다. 균은 공부방에서 나와 이달에게 다가가 머리를 긁적거리며,

"독서 모임을 하자고 했는데, 아직 책을 못 정했어요. 아저씨가 한 권 추천해 주시죠."

이달은 허탈하게 웃으며,

"잘들 한다. 맨입으로 왔구먼. 보아하니 약간 불량기가 있어 보이니, 불량기 넘치는 책을 한 권 선정해 주마. 어디 보자."

하고 책장을 살피다가, 높은 곳에서 책 한 권을 꺼냈다.

"이 책을 돌아가며 낭송해라."

균은 책을 받아 들고 제목을 보더니,

"무슨 놈의 책 제목이 이 모양이에요? 《분서(焚書)》[4]?"

"'태워 버려야 할 책'이란 뜻이다."

"제목이 화끈하네요."

"내용도 화끈하다."

"어디를 읽을까요?"

"동심설(童心說) 부분을 읽어라."

"네."

균은 책을 들고 다시 공부방으로 들어갔고, 이달은 급한 대로 음료수와 과자를 챙겨서 공부방에 넣어 주었다.

"감사합니다!"

"돈 내는 거다."

"알겠습니다."

"대답은 시원하다."

허균만 인문계 고등학교에 다녔고, 다른 아이들은 공업고등학교에 다녔다. 가정 형편이 어려워 공고를 다니는 아이들을 친구 삼은 균도 대견했지만, 책을 읽겠다고 동의한 아이들도 참으로 믿음직스러웠다. 공부방 바깥으로 균의 큰 목소리가 흘러나왔다.

"어린아이의 마음은 '참된 마음'이다. 만약 동심(童心)이 있으면 안 된다고 하면, 이는 참된 마음이 있으면 안 된다고 하는 것과 마찬가지이다. 동심이란 거짓 없고 순수하고 참된 것으로, 최초의 하나의 마음이요, 본래의 마음이다. 동심을 잃으면 참된 마음을 잃는 것이며, 참된 마음을 잃으면 참된 사람[眞人]을 잃는 것이다. 사람이 참되지 않으면 최초의 본심은 더는 전혀 있지 않게 된다. 아이는 사람의 처음이요, 동심은 마음의 처음이다. 마음의 처음을 어찌 잃을 수 있으리오!"

이달은 문밖에서 낭송하는 소리를 들으며 흐뭇한 미소를 지었다. 비록 차림새는 약간 불량했지만, 심지가 굳은 아이들처럼 느껴졌다. 이달은 이 아이들도 결국 자신이 돌보게 되겠다고 생각했다. 일찍이 가정 형편이 어려워 고생하며 공부했던 자신의 어린 시절이 떠올라서만은 아니었다. 서점을 차릴 때 도와준 친구 허봉의 부탁 때문도 아니었다. 막연하게나마 아이들의 모습에서 그들의 미래를 보았다고나 할까? 이달은 주방으로 들어가 간식으로 떡볶이를 준비했다. 마침 장 보아 놓은 것이 있어 재료는 넉넉했다.

두 시간 남짓 지나자, 아이들이 우르르 공부방에서 몰려나왔다. 모두 얼굴이 붉게 상기되어 있었다. 균이 친구들에게서 모은 돈 2만 원을 내밀었다. 이달은 손사래를 치며 거절했다. 그래도 균은 한사코 2만 원을 계산대에 놓고 친구들과 나갔다.

　"우리 공짜 안 좋아해요. 그리고 앞으로 2주마다 한 번씩 모일 텐데, 회비를 걷어서 모임을 운영하기로 했어요. 아, 참! 모임 이름은 아저씨가 지어 준 이름으로 하기로 했어요. 격조 있고 좋대요. 그리고 이 책은 제가 일주일 동안 빌려 갑니다."

　균은《분서》를 흔들며 환한 웃음으로 이달에게 인사했다. 이달도 문밖으로 나가 아이들에게 인사했다. 아이들이 일제히 이달을 향해 머리를 숙였다.

***

다음 날 저녁 균이 허겁지겁 손곡서점 문을 열고 들어왔다. 이달은 무슨 일이라도 생겼나 싶어 걱정스러운 눈으로 균을 쳐다봤다. 균은 《분서》를 계산대에 내려놓으며 말했다.

"아저씨, 이 책 정말 좋아요. 학교에서 수업도 제치고 몰래 다 읽었어요. 정말 이탁오는 대단한 분인 것 같아요. 어쩌다 저는 이제야 《분서》를 읽게 된 걸까요? 세상에는 이런 분들이 엄청 많겠지요?"

무슨 사건이 일어난 것은 아니어서 이달은 우선 한시름 놓았다. 균의 독서력은 이미 어렸을 때부터 알고 있는 바였다. 재미난 책은 밤이 새도록 다 읽고야 마는 성미였다. 그래도 그렇지, 저 두꺼운 책을 하루 만에 다 읽어 내다니. 이달은 내심 놀라면서도 아무렇지도 않은 듯,

"그래 어느 대목이 그리 좋더냐?"

하고 물었다. 균은 책을 들어 책장을 급히 넘기더니 한 대목을 낭독하기 시작했다.

"나는 어릴 때부터 성인의 가르침이 담긴 책을 읽었지만, 성인의 가르침이 무엇인지 몰랐고, 공자를 존중했지만, 공자에게 무슨 존중할 만한 것이 있는지 몰랐다. 속담에 이른바 난쟁이

가 키 큰 사람들 틈에 끼어 굿거리를 구경하는 것과 같아, 남들이 좋다고 소리치면 그저 따라서 좋아한다고 소리치는 격이었다. 나이 오십 전까지는 나는 정말 한 마리 개와 같았다. 앞의 개가 그림자를 보고 짖어대자 나도 따라 짖어댄 것일 뿐, 왜 그렇게 짖어댔는지 까닭을 묻는다면, 그저 벙어리처럼 아무 말 없이 웃을 뿐이었다.”

‘그렇구나, 나도 그 대목이 참 좋았는데.’ 하고 이달은 속으로 생각했다. 이심전심이랄까? 이달은 재차 물었다.

“그 대목이 왜 그리 좋더냐?”

균은 아직도 흥분이 가라앉지 않은 듯, 빠르게 말을 이어 갔다.

“그동안 저도 책 꽤나 읽었다고 생각했는데, 곰곰 생각해 보니 남들이 좋다니까 따라 읽은 꼴이더라고요. 앞집 개가 짖으니까 나도 따라 짖는 꼴이었다는 생각이 들자, 얼마나 얼굴이 붉어지던지. 저, 그런데 이탁오에 대한 책은 더 없나요?”

“없긴 왜 없어. 《이탁오 평전》도 있고, 《분서》 다음에 쓴 《장서(藏書)》도 있는데.”

“《장서》라니요?”

“‘몰래 감춰 놓고 읽어야 하는 책’이라는 뜻이다.”

“정말 책 제목도 기가 막힌대요? 저 이 책하고 나머지 두 권도 주

프롤로그
새기지 없는 아이들,
무륜당(無倫堂)

세요. 살래요."

"그러렴. 책값은 형한테 받을 테니까 염려하지 말고."

"네, 감사합니다."

이달은 나머지 두 책도 찾아서 균에게 주었다. 균은 책 세 권을 가슴에 껴안더니 인사를 하고 나갔다. 균의 등 뒤에서 뜨거운 바람이 불어오는 것 같았다. 저 젊은 열기를 어떻게 감당할 것인가. 균은 자기 친형 허봉을 빼다 박았다.

무륜당 아이들은 정말로 2주마다 모였다. 책을 한 권씩 선정하여 읽고 토론하고, 이달이 스크랩해 놓은 신문 기사 등을 읽으며 시사 토론도 했다. 가끔 이달을 초청하여 자신들이 읽다가 이해가 되지 않는 부분은 물어보기도 하여, 제법 독서 모임의 꼴을 갖추어 갔다.

지금은 초라한 행색으로 강원도 원주에서 몰려다니며 술이나 마시고 간혹 책을 읽는 이 아이들이, 6년 후에 그 어마어마한 혁명적 사건을 만들어 낼 줄을 누가 꿈에나 생각했으랴. 북경에서 나비가 날갯짓하게 되면 뉴욕에서 폭풍우가 몰아칠 수 있다고 했다. 그 날갯짓이 지금 시작되고 있다.《분서》처럼 뜨겁게,《장서》처럼 고요히.

[1] 부록 〈허균 주변의 역사적 실존 인물〉 손곡 이달 참조

[2] 부록 〈허균 주변의 역사적 실존 인물〉 허봉 참조

[3] 부록 〈허균 주변의 역사적 실존 인물〉 강변칠우 참조

[4] 명나라 양명학자 이지(李贄, 1527~1602)의 책을 조선으로 몰래 수입해 온 사람은 허균
이었다. 광해군이 비자금으로 숨겨 둔 은괴를 횡령하여 중국에서 책을 사 모았는데, 《분
서》는 그중 한 권이었다. 그는 특히 《분서》 안에 있는 〈동심설〉을 읽고 감명을 받아 이
를 소설화할 구상을 했으며, 그 일부분이 《홍길동전》에 반영되었다. – 신승철, 이윤경 저,
《철학의 참견》 참조.

1

태풍의 눈

"허균, 조회 끝나고 교무실로 와라."

새로 담임을 맡은 학생주임(줄여서 '학주'로 쓴다) 살모사의 호출이다. 균은 의아했다. 아무리 시간을 거꾸로 돌려 봐도 딱히 잘못한 것이 없었다. 같은 반 아이들이 웅성거렸다.

"너, 또 무슨 사고 쳤니?"

반장이 물었다.

"아니."

"그런데 왜 학주가 불러?"

"글쎄. 가 보면 알겠지. 금방 다녀올게."

균은 곰곰 생각하며 교무실로 향했다. 딱히 떠오르는 일이 없어 찝찝한 마음으로 교무실 문을 열었다. 몇몇 선생님들이 균을 향해 고개를 돌렸으나, 이내 다시 하던 일로 돌아갔다. 균은 학주를 향해 걸어갔다. 학주는 다른 반 아이들 몇 명을 세워 놓고 훈계하는 중이었다. 균은 어색하게 고개를 숙이고 그 아이들이 돌아가길 기다렸다.

"너희들은 상담실로 가서 어제 했던 잘못에 대해서 반성문을 쓰도록. 이상!"

아이들은 인상을 쓰면서 학주에게 인사하고 상담실로 갔다. 균은 어색하게 서 있었다. 학주가 의자를 끌어다가 앉으라고 했다. 균은 불편한 마음을 애써 지우며 의자에 걸터앉았다. 서서 훈계하지는 않으려나 보다 싶어 내심 안심이 되었다.

"너희 담임이 출산휴가를 내고 가면서 특히 너에 대해서 부탁을 했다. 잘 좀 보살펴 달라고."

균은 담임선생님이 왜 그런 말씀을 하고 가셨는지 이해가 되지 않았다. 한두 살 먹은 아이도 아니고 이제 어엿한 고등학생인데 어린이 취급을 당하고 있는 것 같아 기분이 좋지 않았다. 균은 말없이 고개를 숙이고 학주의 말이 이어지기를 기다렸다.

"그래서 말인데…… 이번 기말고사 성적을 보니 중간고사보다 많이 떨어졌더구나. 조금만 더 열심히 공부하면 서울의 명문대에 들어갈 수 있는 성적인데, 자율 학습 시간에도 자주 빠지고, 이상한 아이들과 어울려 다닌다는 이야기도 들리고."

"이상한 아이들이 아니라 제 친구들입니다."

균의 목소리가 생각보다 크게 울렸다. 옆에서 수업 준비를 하던 영어 선생님이 고개를 돌려 균을 바라보았다. 다른 선생님 몇몇도

태풍이 분다

균의 소리에 고개를 돌렸다. 학주는 잠깐 당황한 듯한 표정을 보이더니,

"친구를 사귀려면 좋은 친구를 사귀어야지. 공고 다니는 아이들과 어울려서 좋을 것 없다. 학업에 방해만 될 뿐이야!"

균은 학주에게 지고 싶지 않았다.

"좋은 친구들입니다. 학업에 방해되지도 않고요."

학주가 인상을 썼다.

"담임이 충고를 하는데, 꼬박꼬박 말대꾸하는 것을 보니 벌써 나쁜 물이 들었네. 학업에 방해가 되지 않는데 왜 성적이 떨어지지?"

물음의 말꼬리에 짜증이 섞여 있었다. 하지만 더 짜증이 나는 것은 균이었다.

"성적이 떨어진 것은 친구들과는 아무 상관이 없습니다. 그리고 설령 상관이 있다고 해도 누구랑 사귈지는 제가 알아서 합니다. 친구들 때문에 저를 부르신 것이라면 저는 이만 교실로 가 보겠습니다."

균이 일어서려는데, 학주가 서랍에서 뭔가를 꺼내 책상에 탁 소리가 나게 내던졌다.

〈무륜당 동인지〉는 균과 친구들이 모여 만든 동인지였다. 1년에 두 번은 내자고 결의했던 책이었다. 같이 책을 읽으며 들었던 생각들을 자유롭게 쓰자고 약속했다. 그 창간호를 학주가 입수한 것이다. 균은

학주를 노려보았다. 학주는 회심의 미소를 지으며 말했다.

"내가 조용히 넘어가려고 했는데, 네 태도를 보니 안 되겠다. 하라는 공부는 안 하고 이런 짓거리나 하니까 성적이 떨어지는 거야. 그리고 내가 내용을 대강 살펴보았더니 세상에 대한 불평불만이 대단하더구나. 어디서 그런 시뻘건 사상을 배운 거냐? 되지도 않은 것들이 겉멋만 들어서!"

학주는 회심의 일격을 가한 듯 의기양양한 표정으로 문집을 들어 다른 선생님들이 보도록 크게 휘둘렀다. 균은 학주가 그 책을 어떻게 입수했는지 생각해 보았다. 순간 이전 담임선생님이 국어과여서 한 부 드렸던 기억이 났다. 담임선생님은 동인지를 훑어보며 칭찬을 아끼지 않았다. 자신도 대학 시절 친구들과 문집을 만들었던 기억이 난다며 좋아도 하셨다. 균이 쓴 글을 보며 어른스럽게 썼다고, 하지만 생각을 좀 더 깊이 해 보라고 애정 어린 충고도 해 줬다. 그 동인지가 지금 학주에게 무기가 되어 자신에게 돌아올 거라고는 꿈에도 생각해 보지 못했다.

"그 책 이리 주세요. 선생님께 드린 것 아닙니다."

"아니, 이놈이 아직도 정신을 못 차리고. 오늘 수업 끝나면 집에 가서 어머니께 말씀드리고 학교로 오시라고 해. 네가 전하지 않겠다면 내가 직접 전화할 테니 그리 알도록!"

균은 의자에서 벌떡 일어나 인사도 하지 않은 채, 뒤로 돌아 교무실 문 쪽으로 향했다. 선생님들이 쑥덕거리는 소리가 들렸으나 못 들은 척, 안 들은 척 성큼성큼 걸어 문을 열고 나왔다. 교무실 밖으로 나오자 다리에 힘이 풀렸다.

갑자기 걱정이 밀려왔다. 하지만 이런 일로 걱정하는 자신이 더 미웠다. 이 책을 만들었을 때 얼마나 기뻐했는지 친구들과 활짝 웃던 모습이 떠올랐다. 서로가 대견한 듯 칭찬했던 모습도 떠올랐다. 세상 모든 것을 다 얻은 기분이었다. 아무것도 두렵지 않고 무섭지도 않았다. 그런데 갑자기 학주가 그 책을 들고 휘둘렀을 때 낭패감이 든 것은 무엇 때문이었을까? 우리가 뭘 잘못한 걸까? 이런 말도 안 되는 걱정을 하다니. 기쁨이 갑자기 슬픔으로 변하다니. 균은 자신이 비겁하다고 생각했다. 나약하다고 생각했다. 기쁨을 만끽하기에는 힘이 너무 없다고 생각했다. 부끄러워졌다.

* * *

수업이 어떻게 끝났는지 모르게 시간이 흘러갔다. 학주는 종례 시간에 들어와 출석부를 교탁에 내리치며 한바탕 설교를 했다.

"요즘 하라는 공부는 안 하고, 쓸데없는 데 정신이 팔려서 다니는 아이들이 많다. 우리 학교는 인문계다. 인문계 학교의 목표는 대학에 합격하는 것이다. 대학에 들어갈 마음이 없는 놈들은 학교에 다닐 이유가 없다. 농고에 들어가 농사를 짓든지, 공고에 들어가 공장으로 가든지 하면 된다. 괜히 남 공부하는 데 방해하지 말고, 학교를 다니려면 정신 똑바로 차리고 공부하도록. 알았나!"

균은 학주가 '아이들'이라고 말했지만, 자신을 콕 집어서 하는 얘기라고 생각했다. 더는 비겁하게 그 자리에 있고 싶지 않았다. 종례가 끝나지도 않았는데, 벌떡 일어나 가방을 둘러메고 교실 밖으로 나왔다.

"저 자식이 미쳤나. 빨리 돌아와 앉지 못해!"

뒤통수에서는 고함치는 학주의 소리가 들렸으나 고개도 돌리지 않고 학교를 빠져나왔다. 나왔으나 집으로 갈 수가 없었다.

손곡서점으로 향했다. 2학기 기말고사가 끝나 곧 겨울방학이었다. 몇 주만 버티면 된다. 저 지긋지긋한 학주와도 이별이다. 이렇게 생각하니 조금은 홀가분해졌다. 하지만 학주가 담임을 안 맡는다고 하더라도 학교를 그만두는 것이 아니라면 지겹게 마주쳐야 했다. 괜히 짜증이 밀려왔다. 갑자기 형이 보고 싶어졌다. 명문 대학을 도중에 그만두고 자동차 회사의 노동자가 된 허봉이었다. 형이 대학을 그만두었을 때 집에서는 난리가 났다. 그리고 자동차 회사에 입사했을 때 그야말로 집은 초상집 분위기였다. 그런데도 형은 아무렇지도 않은 듯, 자신이 선택한 길을 뚜벅뚜벅 걸어갔다. 이해할 수는 없었

태풍의 눈

1

지만 연약한 자신과는 뭔가 다른 분위기가 형한테는 있었다. 전화를 걸었다. 한참 만에 형이 전화를 받았다. 소음이 섞인 목소리가 들려왔다.

"응, 균아. 무슨 일이니? 안 하던 전화를 하고."

자기 사정을 이야기하려고 전화했던 균은 형의 목소리에서 다급함이 느껴지자, 갑자기 할 말을 잃었다.

"형, 잘 지내지?"

"그럼 잘 지내지. 너는?"

"나도 잘 있어."

"자식 싱겁기는. 어머님도 잘 계시지?"

"그럼. 잘 지내셔."

"그런데 왜 전화했어? 용돈 떨어졌니?"

"아니. 그냥."

"그래, 형이 지금 조금 바쁘니까 나중에 전화해도 되겠니?"

"응, 그럼 이만 끊을게."

"너 정말 무슨 일 있는 거 아니지?"

"아냐. 아무 일도 없어. 그럼 이만 끊어."

전화를 끊었다. 적막감이 흘렀다. 어릴 적 균을 그토록 아끼던 형이었다. 항상 균의 일을 자기 일처럼 여겼다. 유머 감각도 뛰어나 주변에서 인기가 많았다. 공부도 잘하는 수재였다. 균은 형을 본받으려고 무던히도 애썼다. 그런 형이 지금은 곁에 없다. 차를 타면 몇 시간 안 되는 거리에 있지만 다른 세계에 사는 사람처럼 멀게 느껴졌다. 대신 형은 집을 떠나며 자신의 친구인 이달을 균에게 소개해 주었다. 어려운 일이 있으면 이달에게 부탁하라고 이야기했다.

균은 손곡서점 문을 열었다. 서점은 한가했다. 이달은 균의 표정을 보더니 아무렇지도 않은 듯, "라면 끓여 줄까?" 하고 다정하게 말했다. 균은 고개를 끄덕였다. 교무실에서 나온 후 정신이 산란해서 점심도 제대로 먹지 못했다. 라면이라는 말에 배에서 꼬르륵 소리가 났다. 이달은 빙긋이 웃으며 주방으로 들어가 물을 올렸다.

이달이 라면을 끓여 균이 있는 모임방으로 들고 가는데, 균의 친구들이 우르르 서점으로 들어왔다.

"와, 이 구수한 냄새는 뭐지? 라면 아니야?"

"선생님, 저희도 끓여 주세요."

균의 친구들은 이달을 선생님이라 불렀다. 하긴 학교에 있는 선생만 선생은 아닐 테니까. 이달은 빙긋이 웃으며,

"공짜는 없다."

하고 말하자, 박응서가 대꾸했다.

"방학 때 알바 뛸게요. 서점 알바 얼마예요?"

"서점 알바 안 키운다. 내 인건비도 안 나온다."

"있는 분들이 더해."

"나 개털이다."

"선생님이 개털이면, 저희들은 모기 털입니다."

서양갑이 웅서의 머리를 툭 치며,

"모기는 털 없어. 좀 배워라." 하고 킬킬댔다.

친구들은 모임방으로 들어가 균의 주위에 앉았다. 균은 어색하게 웃으며 친구들을 맞이했다.

"뭔 일 있냐? 얼굴이 썩음썩음하다."

"학교에서 학주한테 까였다."

서양갑이 고개를 갸우뚱하며,

"너 같은 모범생이 학주한테 까일 게 있냐?" 하고 묻자,

"기말고사 성적도 떨어졌고, 우리가 쓴 동인지가 걸렸다. 어머니 모셔 오란다." 하고 퉁명스럽게 대답했다.

박응서는 단무지를 하나 집어 먹으며,

"말도 안 돼. 동인지가 뭐가 어때서. 우리 학교 선생님들에게 보여 줬더니 다들 신기해 하면서 칭찬이 자자했어. 동인지 때문에 우리들은 학교에서 스타가 됐는데." 하며 이해가 안 된다는 표정을 지었다.

"그래서 어머니한테 말할 거야?" 서양갑이 묻자,

"아니, 별것도 아닌 문제로 어머니가 학교에 오실 필요는 없어.

그냥 개길 거야." 하고 균은 대답했다.

"역시!" 하고 주변 친구들이 엄지손가락을 올리는 순간, 구수한 라면이 커다란 냄비에 담겨 들어왔다.

"고맙습니다. 이 은혜는 꼭 갚겠습니다. 잘 먹겠습니다."

친구들은 넉살 좋게 외친 후 우르르 냄비 주변으로 모여들었다. 개긴다고 말을 했으나 균은 걱정스러웠다. 학주와의 싸움은 어차피 기울어진 운동장이었다. 자신이 질 것이 분명했다. 문제는 어떻게 지느냐였다. '이길 수 없는 싸움은 하지도 말라'고 《손자병법》은 가르치고 있으나, 지는 싸움이라도 해야만 할 때가 있다. 학교를 그만두면 싸움은 회피할 수 있겠지만, 그것은 그냥 도망가는 것과 다를 바 없었다. 학교는 갈 것이다. 학주와 싸울 것이다. 그리고 내가 성장하는 패배를 할 것이다. 누가 가라고 하지는 않았지만, 이 길은 내가 가는 길이다. 이렇게 생각하자 마음이 조금은 가라앉았다.

친구들은 균의 마음을 아는지 모르는지 라면 먹는 일에 집중했다. 라면을 다 먹고 커다랗게 트림을 하는 놈도 있었다. 균은 아이들을 보자, 자기도 모르게 헛웃음이 새어 나왔다. 무륜당 친구들과 처음 사귀게 되었던 과거가 떠올랐기 때문이다. 세상에 불만이 많은 아이들이었다. 아버지를 아예 모르거나, 부모님이 이혼하거나, 구타당하는 아이들이었다. 균 자신도 재혼한 아버지 사이에서 나온 자식이라 어릴 적 주변의 놀림을 많이 당했다. 어머니와 아버지 사이에서 나온 아이들이 허봉, 허균, 허초희였다. 아버지는 첫 번째 아내가 죽자 균의 어머니와 새로 결혼했다. 허성이라는 이복형은 동생들에게 잘해 줬지만, 나이 차이가 너무 나서 친해질 수는 없었다. 이복 누나도 있었지만, 시집을 일찍 가서 가까이 지내지 못했다.

아버지 허엽은 초당 두부를 만들어 가계를 꾸렸다. 물 좋고 두부를 만드는 기술이 뛰어나 주변뿐만 아니라 전국적으로도 유명해 살면서 부족함은 없었다. 두붓집 막내로 철부지처럼 살았다. 공부 잘하는 형, 누나에 둘러싸여 세상 무서울 것이 없었다. 하지만 초등학교 4학년 때 아버지가 돌아가시자 가세가 기울기 시작했다. 균은 중학교에 다니면서 반항기가 생겨났다. 대학을 그만두고 자동차 회사에 들어간 형의 영향도 있었지만 사회를 보는 비판적 눈이 생겼다. 형 방의 책꽂이를 기웃대며 몰래 책을 읽기 시작한 것도 그 무렵이었다.

무륜당 친구들은 중2 때 같은 반 아이들이었다. 중2병이라 했던가. 반항기가 극에 달했다. 하루가 멀다 하고 사고를 쳤다. 어디로 튈지 모르는 럭비공 같았다. 부모들이 뻔질나게 학교를 찾았으나 변한 건 별로 없었다. 미래가 없는 아이들처럼 놀았다. 그 아이들 사이에 균이 끼어 있다는 것이 이상할 지경이었다. 균은 평상시에는 조용히 지냈다. 하지만 정의롭지 못하다고 판단되는 상황이 닥치면 물불을 가리지 않았다. 그 대상에는 선생님도 포함되어 있었다. 균은 자신이 저지른 일이 아니었지만, 친구들이 부당하게 처벌당한다고 생각하면 물불 안 가리고 뛰어들었다. 균이 화를 낼 때면 도리어 무릎당 친구들이 말릴 지경이었다. 모범생과 문제아들은 그렇게 운명 공동체가 되었다. 그때 얻은 균의 별명이 '태풍의 눈'이었다. 중심은 고요하나 폭풍우를 몰고 오는 바람이 늘 주변에서 불어오는.

봉이 가끔 집에 올 때면 항상 먼저 묻는 것이 균의 소식이었다. 독서와 글쓰기를 권장한 것도 봉이었다. 덕분에 균은 봉의 책장에 있는 책을 편하게 읽을 수 있었다. 초등학교 때는 주로 문학작품을 읽었으나, 중학생이 되어서는 고전과 사회과학 책도 읽었다. 전부 이해하는 건 아니었으나 뭔가 학교에서 가르치는 내용과는 다른 것들이 많았다. 균의 근황을 가족에게 들은 봉은 어느 날 균을 불러 동네를 돌며 조용히 이야기했다.

"균아, 세상에 불만을 품는 것은 좋지만, 그 불만에 깊이가 없으면 그냥 양아치가 되는 거다. 양아치 말고 혁명가가 돼라."

중2가 된 동생에게 꺼낸 말치고는 과하다 할 수 있겠지만, 균은 형이 자신에게 한 말을 조용히 새겨들었다. 양아치라는 말은 학교에서 많이 듣는 단어였지만, 혁명가라는 말은 금기어에 가까운 것이었다. 그런데 형은 동생에게 지금 그 금기어가 되라고 말하고 있었다.

"그래서 형은 혁명가가 되려고 학교를 그만두고 공장에 들어간 거야?"

균은 정말 궁금해서 물어보았다. 집안에서도 형이 공장에 들어간 것에 대해서는 마치 딴 나라 이야기처럼 대화 소재에 등장하지 않았다. 다른 가족들은 그 이유를 설핏 짐작하는 표정이었지만, 균에게는 지금도 유일하게 이해되지 않는 형의 행동이었다. 형은 대답 대신 균의 머리를 장난스럽게 쓰다듬었다. 균이 형의 얼굴을 쳐다보자 그저 그윽하게 웃을 뿐이었다. 벌써 3년 전의 일이었다.

아이들이 라면을 다 먹고 나자, 박응서가 균의 어깨를 툭 치며 말했다.

"여기서 이렇게 찌그러져 있지 말고 나가자. 답답하다."

균은 고개를 끄덕이고 아이들과 밖으로 나왔다. 이달은 문밖으로 나가는 아이들에게 한 마디 툭 던졌다.

"잘 먹고 사고 치지 말고. 얼른 집으로 들어가라."

"에이, 선생님. 우리가 무슨 애도 아니고."

"내 눈에는 아직 애들이거든."

균은 이달에게 싱긋이 웃으며 인사했다. 균의 웃음에 이달은 안도했다. 균이 중심을 잡는 한 아이들은 희한하게 사고를 치지 않았다. 그렇게 균은 무륜당 아이들의 중심축이 되어 태풍처럼 휘몰아치는 소용돌이를 잠잠하게 만드는 재주가 있었다.

＊ ＊ ＊

"허균, 교무실로 따라와라"

조회를 마치고 학주는 심각하게 말했다. 균은 말없이 책상에서 일어나 학주의 뒤를 따랐다. 뒤에서 친구들이 술렁거렸지만, 주변 눈치를 볼 상황이 아니었다.

"그래, 어머니에게 말씀드렸겠지? 언제 오시냐?"

학주는 책상에 앉자마자 다그치듯이 균에게 물었다. 균은 고개를 숙였지만, 단호한 목소리로 말했다.

"말씀드리지 않았습니다. 어머니께서 학교에 오실 정도로 제가 잘못하지는 않았습니다."

균의 대답을 들은 학주는 당황한 눈빛을 보였지만, 이내 싸늘한 표정으로 바뀌었다.

"어쭈? 이놈 봐라. 네가 잘못한 것이 없다는 것이냐?"

"어제 종례 시간에 뛰쳐나간 것은 잘못했습니다. 하지만 그 외에는 잘못한 것이 없습니다."

"네가 징계를 받아 봐야 정신을 차리겠구나."

'징계'라는 말에 잠시 현기증을 느꼈지만, 허균은 정신을 차리고 대답했다.

"징계하시겠다면 정식으로 징계위원회를 구성해 주십시오."

균의 당돌한 대답에 학주는 얼굴이 붉어졌다. 예상 외의 대답이었다.

"뭐라고? 징계위원회를 구성해 달라고?"

"네, 제가 잘못했다면 징계위원회를 구성해서 정확한 징계 사유를 알려 주시고 변론의 기회를 주시는 것이 맞다고 생각합니다."

"이놈이 제정신이 아니구나. 어디서 그런 못된 말버릇을 배워서."

균은 학주의 기세에 눌리고 싶지 않았다.

"수업 시간에 선생님께 배운 겁니다. 선생님께서는 민주주의를 가르치시면서 민주 시민의 자질을 키우라고 말씀하시지 않으셨습니까?"

예상 외의 반격이었다. 학주는 사회 담당 선생님이었다.

"어른에게 꼬박꼬박 말대꾸하라고 가르치지 않았다!"

학주의 목소리가 커지고 있었다.

"아닙니다. 선생님은 법 앞에서 모든 사람이 평등하다고 가르치셨습니다. 학교에 법이 있다면 그 법 앞에서도 모든 사람은 평등해야 한다고 생각합니다."

"이런 궤변론자 같은 새끼!"

"그리고 선생님께서는 그리스의 궤변론자들은 민주주의의 옹호

자라고 말씀하셨습니다."

"아니, 이 새끼가 어디서!"

학주는 벌떡 일어나 손을 들어 올렸다. 주변이 조용해지면서 모두 학주의 행동을 쳐다보고 있었다. 교무실에 있던 몇몇 아이들은 스마트폰을 꺼내 들었다. 학주는 들었던 손을 부들부들 떨다가 내렸다. 학주는 치밀어 오르는 분을 애써 참으며 말했다.

"너 아무래도 안 되겠다. 상담실로 가서 네가 지금 한 이 무례한 행동을 반성하고, 반성했으면 나와서 사과하도록. 사과하지 않는다면, 오늘은 상담실에서 한 발짝도 못 나올 테니. 어서 내 눈앞에서 사라져!"

균은 담담하게 학주에게 목례를 하고 상담실로 향했다. 그날 균은 상담실에서 온종일 나오지 않았다.

사태는 묘하게 흐르고 있었다. 균의 당돌함을 나무라는 선생님도 있었지만, 괜히 긁어 부스럼을 만들지 말라고 학주에게 이야기하는 선생님도 있었다. 문제는 선생님들 간의 분위기만이 아니었다. 균의 이야기는 교무실에 있던 아이들의 입을 통해 삽시간에 전교생에게 퍼져나갔다. 학생들의 눈빛에는 균을 응원하는 기운이 담겨 있었다. 점심시간에 상담실에 빵과 우유, 간식거리 등을 사 가지고 가서 몰래 책상에 올려놓고 가는 아이들도 있었다.

반마다 수업 분위기가 서늘했다. 평소에는 떠들던 아이들도 수업 시간에 침묵으로 이 사태에 항변하고 있었다. 선생님들이 농담하거나 질문을 해도 학생들은 반응하지 않았다. 그렇게 온종일 어두운 분위기에서 수업을 마치고 돌아온 선생님들이 이러다가 선생질도 못 해 먹겠다며 한숨을 내뱉었다. 학주가 수업 시간에 아주 강하게 훈계했지만 먹히질 않았다.

결국, 이 사태는 교장 선생님이 종례 시간 전에 학주와 균을 부르고 나서야 끝이 났다. 자세한 내막을 알 수 없었지만, 교장 선생님께 불려간 학주는 풀이 죽어서 나와야 했고, 균은 방학 전까지 화단을 청소하는 것으로 일단락이 지어졌다. 균의 승리라고 말할 수는 없었지만, 학주의 패배인 것만은 분명했다.

균에게 다가온 아이들이 축하한다며 격려했지만, 균은 기꺼운 마음으로 축하를 받을 수가 없었다. 상담실에 온종일 있으면서 균은 자신의 삶을 되돌아보았다. 욕먹을 짓도 하지 않았지만, 칭찬받을 일도 하지 않았다. 벌써 고2 생활이 끝나 가고 있었지만, 딱히 자신의 진로조차 결정하지 않았다는 생각이 들었을 때, 갑작스러운 어두움이 마음 깊은 곳으로 밀려왔다.

"어떻게 살아야 하나?"

이 질문을 되뇌고 되뇌었다.

선생님 말씀을 잘 듣고, 공부 열심히 해서 좋은 성적을 거두고, 좋은 대학교에 들어가는 것은 균에게 해답이 아니었다. 이번에 겪은 일이지만 자신이 고등학교를 졸업하고 살아가야 할 세상에 대해 아는 것이 별로 없다는 생각이 들었다. 그렇다고 학교생활에 만족하는 것도 아니었다. 안팎으로 불평불만만 쌓아 가는 것은 미래가 아니었다. 균은 다시 한번 자신에게 물었다.

"어떻게 살아야 하나?"

그날 밤, 허균은 꿈을 꾸었다. 인적이 드문 길을 홀로 걷고 있었다. 안개가 짙어 한 치 앞도 보이지 않았다. 균은 더듬거리듯이 한 발 한 발 내디디고 있었다. 넓다고 생각했던 길이 갑자기 좁아졌고, 좁은 길 사이로 담장이 이어져 있었다. 담장이라고 하기에는 너무 높아 차라리 벽이라고 해야 할 듯한 길이었다. 그런데 그 좁았던 길마저 가면 갈수록 점점 더 좁아져 갔다. 균은 마치 좁은 터널을 통과하듯이 손으로 벽을 확인하며 길을 걸었다. 갑자기 한기가 몰려왔다. 뒤를 돌아보았다. 자신이 걸었던 길이 서서히 무너지고 있었다. 갑작스러운 공포가 밀려왔다. 균은 앞으로 내달렸다. 높은 벽에 부닥쳐 전진이 쉽지 않았다. 어디쯤 왔을까 생각하는데, 갑자기 환한 빛이 쏟아졌다. 균은 살았다는 심정으로 그 빛을 향해 힘껏 내달렸다. 그런데 길 끄트머리쯤 도달했을 때 빛이 귀신처럼 사라져 버렸다. 균은 사라진

태종의 눈

1

빛을 향해 달리다가 벽에 부딪혔다. 막다른 골목이었다. 그리고 거기에는 문조차 없었다. 뒤로 돌았다. 이제는 길조차 보이지 않았다. 시커먼 형체가 자신에게 다가오고 있다고 느껴졌다. 균은 고함을 쳤다. 아악!

"균아, 균아."

눈을 떴다. 악몽이었다. 어머니는 근심 어린 눈빛으로 균을 내려다보았다. 책상에 엎드려 잠을 잤던 것이다. 책상에는 카프카의 《성(城)》과 일기장이 펼쳐져 있었고, 일기장에는 "어떻게 살아야 하나?"라는 문장이 수없이 쓰여 있었다. 어머니는 걱정스러운 목소리로 균에게 말했다.

"날씨도 추운데 엎드려 자다가 감기라도 걸리면 어쩌려고."

균은 오한에 몸서리쳤다. 팔목에 털들이 곤두서 있었다. 이마에는 식은땀이 송골송골 맺혀 있었다. 균은 급히 땀을 닦아내며 어머니에게 억지로 웃어 보였다.

"괜찮아요."

"괜찮긴. 비명을 듣고 급히 달려왔다. 나쁜 꿈이라도 꿨니?"

"아니에요."

"공부하느라 힘든가 보다. 보약이라도 지어서 먹여야겠다."

"에이, 엄마는. 괜히 걱정 마시고, 이제 나가세요. 밤이 늦었는데

주무셔야지요."

"알았다. 너도 공부 그만하고 얼른 자거라."

어머니가 방에서 나가자, 균은 사방을 둘러보았다. 시커먼 형체는 보이지 않았다. 균은 크게 심호흡을 하고, 펼쳐진 카프카의 《성》에 눈길을 돌렸다. 카프카가 죽기 직전에 썼다는 이 마지막 장편소설은 토지 측량사 K가 성의 백작에게 초대받았지만, 성에 들어가지 못하고 만다는 이야기였다. 균은 초대는 받았으나 성에 들어가지 못하는 K의 모습이 자신과 매우 닮았다고 생각했다. 어둠과 안개가 쌓인 성의 모습과 자신이 꿈속에서 걸었던 미로 같은 길이 비슷한 것은 아닐까? 그럴 수도 있겠다. K의 입성을 막고 있는 불가해한 방해물처럼, 자신의 앞날을 방해하고 있는 것은 무엇인가? 꿈과 희망을 품고 살라는 선생님들의 말과, 꿈과 희망을 꺾는 선생님들의 행동은 과연 어떻게 해석해야 하나? 균을 협박하는 학주와 균을 타이르는 교장은 과연 다른 존재인가? 질문이 생겨날수록 생각의 미로는 복잡해지고 머리는 무거워졌다.

방학이 시작되기까지 균은 조용히 학교생활을 이어 갔다. 학교는 마치 아무 일도 없었다는 듯이 평온했다. 떠드는 아이들은 여전히 떠들었고, 자는 아이들은 여전히 잤다. 선생님들의 태도는 조금도 변하지 않았다. 무서운 선생님은 여전히 무서웠고, 친절한 선생님은 여전히 친절했다. 세상이 모두 변한다 해도 학교만은 변하지 않을 것 같았다. 아무런 반성도, 아무런 후회도, 아무런 변화도 없이 자동으로 돌아가는 공장의 기계처럼, 학교는 잘도 돌아가고 있었다.

방학식 때 성적표를 받아 드는 아이들의 표정은 제각각이었으나, 마치 품질 인증을 받은 제품처럼 각자의 위치에서 자신만의 표정으로 존재의 역할을 충실히 하고 있었다. 아이들이 내지르는 환호성과 탄성은 어떤 빛도 내뿜지 않았다. 그들은 모두 학교에서 지정해 준 자리를 인정하고, 그 역할을 다할 뿐이었다. 세상은 원래 그런 것이라고, 우리 모두 역시 원래 그런 거라고 당연하게 생각하는 것만 같았다. 성적이 좋은 아이들은 불안한 희망에 사로잡혀 있었고, 성적이 나쁜 아이들은 자포자기의 절망에 붙들려 있었다. 푸른 빛을 상실한 푸른 아이들. 균은 자신도 그런 아이들 중 하나가 아닐까 생각하며 성적표를 가방에 구겨 넣었다. 창밖으로 차가운 바람이 불어오고 있었다. 아이들은 삼삼오오 교실을 떠났다. 추위에 웅크린 어깨들이 초라해 보였다.

2

두 천재

"방학 때 어떻게 지내고 싶으니? 요즘 안색이 어둡던데 며칠 바람이나 쐬고 올래?"

겨울방학이 시작된 지 며칠 안 되어, 공장에 다녀오신 어머니가 균에게 물었다. 무심한 듯 배려하는 어머니의 태도가 균의 가슴을 아리게 했다. 집안에 둘밖에 남지 않았는데, 균이 집을 비우면 어머니는 혼자 지내야 했다. 자신이라도 어머니 곁에 있어야 하는 것이 도리였다. 하지만 어디론가 훌쩍 떠나고픈 마음도 있었다. 균은 어렵사리 입을 열었다.

"초희 누나[5] 집에 잠시 다녀와도 될까요?"

"가면야 반기겠지만, 요즘 힘든 일이 많아서 어떨지 모르겠다."

"그래서 가 보려고요. 혼자 어떻게 지내나 궁금하기도 하고요."

"그래, 내가 찬이며 몇 가지 싸 줄 테니 가지고 다녀오너라."

"네."

균은 어머니를 홀로 남겨 두고 가는 것이 조금 걱정이었다. 아버지가 돌아가신 후, 두부 공장을 운영하는 것은 어머니의 몫이었다. 어머니는 두부 공장 일을 좋아하시진 않았지만, 딱히 싫어하시지도 않았다. 그냥 자신에게 주어진 짐처럼 기꺼이 그 짐을 질 뿐이었다. 엄격한 아버지와 달리 어머니는 엄격함이라고는 눈곱만큼도 없었다. 어떻게 저런 분이 공장을 운영하나 싶을 정도였다. 물론 아버지와 함께 오랫동안 공장을 운영하던 분이 공장장을 맡고 있어 어머니가 특별히 해야 할 일은 많지 않았다. 하지만 일은 일이었다. 최종적인 결정은 어머니의 몫이었다. 공장이 잘 돌아갈 때도, 운영이 어려울 때도 어머니는 공장 이야기를 입 밖으로 꺼내지 않으셨다. 아이들을 키울 때도 아비 없이 자랐다고 놀림 받을까 봐 노심초사했지만, 겉으로는 아무렇지도 않은 듯 풍족하게 아이들을 키웠다.

그렇게 삼남매는 나이보다 조숙하게 자랐고, 남들보다 더 열심히 공부하여 형과 누나는 내로라하는 대학에 들어갔다. 주변에서는 과부댁이 자식 농사만큼은 잘 지었다고 칭찬이 자자했다. 균 역시 그런 어머니를 의식하며 공부도 열심히 하고 조용히 지내려고 노력했지만, 뜻대로 되지 않았다. 어머니는 그런 균을 보면서도 싫은 소리 한 번 안 하고 보살폈다. 섬세함과 자상함은 어머니의 타고난 성품이었다. 그런 어머니도 이제 세월의 힘으로 주름살이 늘고 부쩍 기운이 없어 보였다. 균은 그것이 자신의 탓이라도 되는 양 미안한 마음을 가지고 있었다.

어머니의 성품을 고스란히 물려받은 것이 누나 초희였다. 초희는 어렸을 때부터 균을 자기 몸처럼 보살폈다. 균은 초희를 누구보다 믿고 따랐다. 초희는 어려서부터 시에 남다른 재주가 있어, 그의 재주를 아깝게 여긴 오빠 허봉이 친구인 손곡에게 초희를 소개해 주고, 시를 배울 수 있도록 기회를 주었다. 중고등학교를 다닐 때 백일장이란 백일장은 모두 휩쓸고 다녀 '천재 시인'이라는 별명도 가지고 있었다. 초희가 시인이 되리라는 것을 누구도 의심하지 않았다. 섬세한 성격과 치밀한 관찰력, 독특한 향기를 뿜어내는 문체는 그가 시인임을 증명하는 자질이었다. 명문 대학을 입학한 지 얼마 되지 않아 자신의 시집을 낼 수 있게 되었다. 그러던 누나가 대학 시절 같은 문학 동아리 선배 김성립과 사랑에 빠진 후, 모든 것을 그만두고 결혼을 했다. 봉이 대학을 그만둔 것만큼은 아니었지만, 초희가 대학을 그만둔 것은 가족에게 큰 충격이었다. 다행히 형처럼 공장에 간 것이 아니라 시집을 간 것이다. 그것도 내로라하는 명문가 부잣집으로.

　호사다마라 했던가? 신혼의 행복은 잠시였다. 대학을 졸업하고 고시를 준비하던 신랑 김성립은 번번이 시험에 떨어졌고, 기대를 걸었던 시댁은 그를 유령 인간처럼 취급했다. 성립은 분풀이하듯이 술집을 전전했고, 고시 따위는 아예 포기한 듯이 백수로 지냈다. 이후 집에 들어오지 않는 날이 들어온 날보다 많아졌고, 수많은 구설에 휘말렸다. 공부도 잘하고 부족함 없이 자란 자식이라 그런지 자신에게 던져지는 차가운 시선들을 혐오하면서 스스로를 더욱 가학적으로 대했다. 그 가학의 칼날은 자신뿐만 아니라 아내인 초희에게도 고스란히 상처를 입혔다. 결혼한 지 3년 만에 집안은 만신창이가 되었다. 설상가상으로 초희의 배 속에서 자라던 아이마저 잃게 되자[6] 더는 같이 살 이유가 없어졌다. 지금은 이혼한 것은 아니지만 이혼한 것과 다름없는 별거 상태에 들어갔고, 초희 혼자 쓸쓸히 지내고 있었다.

딩동.

미리 전화를 주고 찾아간 누나네 집이어서 그런지 아파트 현관문이 활짝 열렸다.

"아이고 우리 동생 이제 왔구나. 어서 들어와. 밖에 춥다."

초희의 환영이 과장된 것처럼 느껴졌다. 균은 짐을 한 보따리 들고 집 안으로 들어갔다. '혼자 사는 여성의 집이 이렇구나' 하는 생각이 들 정도로 정갈했다. 결혼의 흔적이라고는 전혀 보이지 않을 정도로 살림살이가 단정하고 깨끗하게 정돈되어 있었다. 균도 과장된 몸짓으로 다가가 힘차게 누나를 껴안았다. 하얀 피부에 정돈된 이목구비는 과거와 같았지만, 몸이 훨씬 줄어든 느낌이었다. 많이 힘들었구나. 균은 생각했다. 품 안에 안겨 있는 누나의 몸은 조금이라도 힘을 주면 바스라질 것처럼 아슬아슬했다.

"뭘 이렇게 많이 싸 왔어."

"누나가 좋아하는 거라고 엄마가 챙겨줬어. 냉장고 어딨어?"

"그냥 식탁에 놔둬. 내가 정리할게."

"아니야. 엄마가 나보고 정리해 주라고 했어."

사실이었다. 어머니는 음식을 정성껏 만들어 싸 준 후, 직접 냉장고에 정리해 주라고 당부했다. 어떻게 사는지 균을 통해 살림살이를 확인하고 싶어 하셨다. 균은 냉장고를 열어 음식을 정리하면서 안을 살폈다. 과연 어머니 말씀대로 냉장고는 거의 텅 빈 채였다. 달걀 몇 알과 마른 밑반찬, 소주와 맥주 몇 병, 먹다 만 안주 같은 것들만 덩그러니 놓여 있었다. 균은 목울대에서 뜨거운 것이 올라오는 것을 겨우 내리며 과장된 목소리로 말했다.

"우리 누나가 이제 신선이 되시려나. 이슬만 드시나 보네."

"고등학생이 이슬도 아네?"

"이거 왜 이래. 이제 나도 다 컸다고요."

"내 눈에는 꼬맹이로밖에 안 보이는데."

균은 꼬맹이라는 말이 싫지 않았다. 초희는 균을 칭찬할 때마다 '우리 꼬맹이 우리 꼬맹이' 하고 안아 줬었다. 균이 잠시 상념에 잠기는 사이, 초희가 말했다.

"저녁은?"

"먹어야지."

"뭐로 먹을까?"

"탕수육에 이슬 어때?"

"이제 나이 먹었다고 같이 신선이 되시겠다?"

"신선이든 도깨비든 먹어야 하는 거 아냐? 중국집 전화번호가
어떻게 돼?"

하고 묻다가 냉장고 문 앞에 붙어 있는 중국집 스티커를 발견하
고 전화를 걸었다.

"여기 탕수육 대짜 하나랑 짜장면 곱빼기요. 초원아파트 109동
305호입니다."

균은 전화를 끄고 누나를 향해 찡긋 윙크했다.

"이 집에서 몇 년은 산 사람 같이 구네."

"몸은 멀어도 마음만은 항상 그대 곁에."

"그래? 그럼 그냥 나랑 살래?"

'그냥 나랑 살래?'라는 말에 균은 다시 뜨거운 것이 목울대로 넘
어오려고 했다. 혼자 힘들게 지내는 누나의 처지가 담겨 있는 듯, 외
로움이 묻어 있었다. 균은 애써 정신을 가다듬고 되받아쳤다.

"나에게는 돌봐야 할 여인이 있습니다."

"그럼 두 집 살림하렴."

"가까우면 어떻게 해 보겠는데, 거리가 머네. 그게 문제야."

초희는 균의 볼살을 살짝 쥐면서 "농담이야." 하고 말했다. 하지만 균은 농담처럼 들리지 않았다. 정말 가능하다면 누나네 집에 들어와 살고 싶다는 생각이 들었다. 위태로운 누나의 상태를 그대로 보고 있을 수만은 없지 않은가? 이런 균의 마음을 읽기라도 하는 듯

"걱정하지 마. 내 몸은 내가 알아서 챙겨. 너 이래 봬도 내가 의외로 강한 여자라는 거 알지? 지금 직장을 구하고 있어. 몇몇 친구들도 노력하고 있고. 출판사 쪽에서 일하지 않겠냐는 제안도 들어왔어."

하고 말했다.

"정말?"

"그럼."

"다행이다."

누나의 말이 곧이곧대로 믿기지는 않았지만, 누나의 능력이면 뭐든 가능하지 않을까 생각했다. 잠시 후 초인종 소리가 들렸고, 균은 문을 열어 음식을 받아 들었다. 균은 탕수육과 짜장면을 식탁에 놓고, 마치 자신이 집주인이라도 되는 듯, 냉장고에서 소주를 꺼냈다. 싱크대 위에 놓여 있는 소주잔도 두 개 챙기고, 누나와 마주 앉았다. 누나에게 소주를 한 잔 따르고, 균은 짜장면을 힘차게 비벼 먹기 시작했다. 초희는 짜장면을 먹는 균의 모습을 사랑스럽게 쳐다보다가, 소주잔을 들어 단번에 입속으로 털어 넣었다.

"어머니는 잘 지내시지?"

"응."

"건강은 어떠셔?"

"나이가 있는데도 천하장사야."

"에이, 농담하지 말고."

"요즘 조금 힘들어 보이셔. 걱정을 끼치는 막내아들 때문에."

"네가 무슨 걱정을 끼쳐. 무슨 사고라도 쳤니?"

"아니, 사고를 친 건 아니고. 내가 요즘 그저 그래."

"왜, 공부가 잘 안 되니?"

"아니 공부를 왜 해야 하는지 몰라서. 어떻게 살아야 할지도."

균은 누나에게 걱정을 끼치려고 찾아온 것은 아니었지만, 예전에 흉금 없이 이야기를 나누던 시절로 돌아가고 싶었다. 적어도 누나한테는 자신의 감정을 숨기고 싶지 않았다. 초희는 오히려 그런 균의 대꾸가 마음에 들었다. 어느덧 어린 시절의 누나로 바뀌었다. 초희는 균 앞에 놓인 잔에 소주를 반 정도 따라 주었다.

"자, 그럼 우리 다정한 오누이 사이로 바꿔 볼까? 오늘만큼은 서로에게 자신의 마음을 진실하게 이야기하기."

"진실 게임 같은 거?"

"응, 그런 거. 자 진실의 문아, 열려라! 짠!"

초희가 잔을 들자, 균도 따라 들어 쨍 소리가 나게 부딪힌 후, 원

샷을 했다. 다 마시고 서로를 바라보면서 깔깔 웃었다.

균은 누나에게 오랜만에 마음껏 자신의 이야기를 풀었다. 동인지를 만든 이야기, 그로 인해 학주와 학교에서 일어났던 사건과 진행 과정, 그로 인해 겪었던 마음 상태의 변화 등등 안줏거리로 삼기에는 조금은 무거운, 그렇지만 안줏거리로도 모자람이 없는 이야기들을 허심탄회하게 늘어놓았다. 초희 역시 결혼 후 자신이 겪었던 많은 이야기를 다는 아니지만, 모자라지도 않게 했다. 이야기하면서 서로 웃고 울고 심각해지고 가벼워지고…….

이야기는 묘한 마법의 힘을 가지고 있다. 삶의 물결은 슬픔과 기쁨을 안고 흐르지만, 이야기는 그 물결 너머에 담긴 높고 깊은 속내를 짐작할 수 있도록 한다. 맑은 물을 휘저으면 밑바닥에 있는 오물들이 솟아오른다. 사람들은 그 오물로 인해 맑은 물이 더러워진다고 생각하지만, 밑바닥에 쌓였던 사연들이 한바탕 휘몰아치면서, 사람의 마음을 이해하고 생각의 폭이 넓어지고 깊어진다는 오묘한 삶의 진실은 알지 못한다.

그것은 마치 심리 치유와 비슷해서, 쌓이고 고였던 감정이나 삶의 앙금을 흐르게 만드는 작용을 한다. 맑음이 더러움을 감추고 있지만, 더러움은 맑음을 회복시킨다. 물론 그 더러움을 끌어안을 수 있을 정도로 서로에 대한 믿음이 군건해야 하지만. 우정이나 사랑이 그런 것은 아닐까? 그 사람의 겉모습만으로는 도달할 수 없고, 그 사람의 어두운 속내를 알고도 감당하겠다는 다짐과 같은 것은 아닐까? 진정 아름다운 인간관계는 그 사람 전체를 끌어안아야 도달할 수 있는 것이리라. 그리고 그 관계가 일방적이지 않고 쌍방적일 때 우리는 그 관계를 우정이나 사랑이라고 말할 수 있으리라.

피붙이로 살았다 한들 가족 간에 우리는 얼마나 서로에게 서로를 드러내고 있는가. 평생을 같이 살아도 삶의 진실 한 줌도 못 가질 수 있지만, 짧은 시간이라도 그 생애 전체를 끌어안을 수 있다면 그 관계가 바로 가족이라는 이름이 아닐까? 균과 초희의 관계는 바로 그런 것이리라. 나이도, 성별도 그 관계를 끊을 수 없으리라.

* * *

아침이 밝았다. 서울의 아침이다. 원주의 공기가 차갑지만 청량했다면, 서울의 공기는 따스하지만 둔탁하다고 할까? 뭐 그런 느낌이다. 방에서 나오니 거실에서 구수한 된장 냄새가 코끝으로 다가왔다.

"이제 일어났구나. 아침 먹자."

균은 화장실에서 대충 씻고 탁자에 앉았다. 어머니에게서 가져온 반찬이 정갈하게 차려져 있고, 따뜻한 된장찌개에서는 구수한 온기가 퍼지고 있었다. 균은 숟가락을 들어 밥을 그득 담고 입에 넣었다. 이 모습을 바라보는 초희의 얼굴에 미소가 번졌다. 오랜만에 남매끼리 다정한 식사 자리였다. 아침 식사를 마치고 균은 설거지를 했다. 어렸을 때부터 몸에 밴 설거지였다. 초희는 탁자에 앉아 커피를 마시며 설거지하는 균에게 말했다.

"모처럼 서울에 왔는데, 특별히 가고 싶은 데 있니?"

"경복궁에 가고 싶어."

"경복궁? 별일이네. 왜?"

"왠지 내가 과거에 살던 곳인 것 같아서."

"우리 집 족보에는 왕이 없는데?"

"왕이 없다면 왕이 되면 되지."

"별소리를 다 듣겠네."

"왕후장상의 씨가 따로 없다잖아."

"그래서 왕이 되시겠다?"

"되면 안 되나?"

"안 될 건 없지. 네 덕분에 나도 왕 한번 되어 보자. 호호호."

균은 설거지를 마치고, 초희와 함께 밖으로 나섰다. 서울의 아침은 쌀쌀했지만, 누나와 같이 가는 길이라 아침 공기가 왠지 따뜻함을 담고 있는 듯했다. 경복궁은 평일이라 생각했던 대로 한산했다. 균은 누나와 손을 꼭 잡고 고궁을 돌았다. 어렸을 적 가족 나들이로 와 본적이 있었다. 그때는 모든 식구가 같이했었는데, 지금은 누나와 단둘이 걷고 있다고 생각하니 조금은 쓸쓸한 느낌이었다. 갑자기 한기가 몰려왔다. 서둘러 밖으로 나왔다. 누나가 잘 안다는 세종문화회관 근처 김치찌개 집에서 점심을 먹었다. 점심시간이라 식당은 손님들로 바글댔다. 서둘러 점심을 먹고 세종문화회관에 있는 카페로 자리를 옮겼다.

"예전에 가족이 다 함께 경복궁에 들렀을 때는 따뜻한 느낌이었는데, 지금은 별로네."

"그때야 여름이었으니까. 지금은 겨울이잖아. 그러니까 너 지금, 추억을 더듬으려고 경복궁에 오자고 한 거구나?"

"그때를 생각해 보면 우리 가족도 참 좋았는데, 지금은 뿔뿔이 흩어져 있어서 조금 그렇네."

"젊은 애가 추억에 사로잡혀 있으면 늙어 보여. 앞날도 창창한 애가……."

"앞날이 창창할지 먹구름일지 누나가 어떻게 알아?"

"물론 그건 너 하기 나름이지만, 지금은 희망을 품는 게 어때?"

"사는 게 먹구름인데, 희망이 있겠어?"

"인생 다 산 애같이 얘기하지 말고. 네가 좋아하는 것을 생각해 봐."

"딱히 없어."

균이 딱 잘라 말하자, 초희는 마시던 커피잔을 내려놓으며 균을 찬찬히 살펴보았다. 균은 괜히 부정적으로만 대답한 자신이 부끄러워져 고개를 숙였다. 초희는 살며시 웃으며 말했다.

"너 글 쓰는 거 좋아하잖아."

"그건 조금 좋아하지."

"그럼 글을 써."

"이 나이에 무슨 글을."

"나도 네 나이에 시를 썼는데, 너라고 못 쓰라는 법 있어? 나는 네가 나보다 더 잘 쓸 것 같은데."

"누나는 천재 시인이라고 다들 칭찬이 자자했지만, 나는 뭐 별다른 재주는 없는 것 같아."

"천재는 다 지어낸 이야기야. 내가 시를 얼마나 열심히 썼는데. 열심히 쓰고 많이 쓰다 보니까 좋은 작품이 한두 개 생기는 거지. 사람들은 노력하는 모습은 보지 않고 결과만 보려고 해. 이 세상에 천재는 없는 거야. 노력하는 사람이 있을 뿐이지."

"나도 하면 될까?"

"그럼, 물론이지. 너는 이야기하는 걸 좋아하니까 시보다는 소설을 써 보는 게 어때?"

"소설?"

"그래 소설. 네가 소설을 쓰면 내가 제일 먼저 읽어 줄게. 혹시 알아? 내가 출판사에 취직하면 네 소설을 책으로 내줄지?"

"그럼 나도 누나처럼 작가가 되는 거네?"

"그렇지. 허 작가님. 이번 소설 대박이던데요? 어때? 호호호."

"그렇게 말씀하시니 가슴이 후끈 달아오르는데요. 허 시인님. 하하하."

허균의 가슴에서 뭔가 뭉클한 것이 생겨났다. 답답한 마음에 누나를 찾아온 것인데, 뭔가 겨울방학 동안 할 일이 생긴 것만 같았다. 뭉클하게 생긴 덩어리는 서서히 달아오르면서 온몸으로 퍼져 나갔다. 온몸의 잔털이 곤두서는 느낌이었다. 이런 느낌은 뭔가? 책을 읽으면서 뭔가 깨달았을 때의 느낌과 비슷하기도 하지만, 그보다는 더욱 강렬하고 가슴을 뛰게 하는 듯한 이 느낌은 뭘까?

[5] 부록 〈허균 주변의 역사적 실존 인물〉 허난설헌 참조

[6] 실제로 허초희는 결혼 후 출산한 딸과 아들을 잃었다. 그때 자식을 잃은 슬픔을 시로 남겨 우리를 더욱 애달프게 한다. 시 〈아들딸 여의고서〉의 내용은 이렇다.

지난해 귀여운 딸애 여의고
올해는 사랑스러운 아들 잃다니
서러워라 서러워라 광릉땅이여
두 무덤 나란히 앞에 있구나
사시나무 가지엔 쓸쓸한 바람
도깨비불 무덤에 어리비치네
소지 올려 너희들 넋을 부르며
무덤에 냉수를 부어 놓으니
알고말고 너희 넋이야
밤마다 서로서로 얼려 놓을 테지
아무리 아해를 가졌다 한들
이 또한 잘 자라길 바라겠는가
부질없이 황대사 읊조리면서
애끓는 피눈물에 목이 멘다

그리고 배 속에 있는 아이마저 잃게 된다. 그러니까 허초희는 모두 3명의 자식을 잃은 셈이다.

3

홍길동전

초희 누나 집에 다녀온 허균은 겨울방학 내내 소설 쓰기에 몰두했다. 장르는 SF 공상 역사소설, 제목은 《홍길동전》[7]이었다. 친구들과 함께 만든 무륜당 블로그에 일주일 단위로 연재하기로 마음먹고 썼는데, 처음에는 친구들 몇몇만 반응을 보이더니 이내 방문한 블로거가 백 명을 넘어섰다. 급기야 천 명이 넘는 고정 독자가 생겼으며, 독자 중에는 광팬도 있어 허균의 《홍길동전》 독해 모임이 꾸려질 정도였다.

거기에는 여러 가지 이유가 있었지만, 가장 큰 이유는 허균의 문체였다. 허균은 조선 초기 세종대왕 시대를 배경으로 소설을 썼는데, 소설의 문체가 영락없는 조선 시대의 문체였다. 조선 시대에 조선의 문체는 아무런 충격이 아니었겠지만, 21세기에 조선의 문체라니, 가히 경천동지할 만한 사건이었다.

허균이 연재한 블로그 소설 1회는 이렇게 시작된다.

화셜[8] 됴션국 셰종됴 시졀의[9] ᄒᆞᆫ지샹이 이시니 셩은 홍이오, 명은 뫼[10]라. ᄃᆡᄃᆡ 명문거족으로 쇼년 등과[11] ᄒᆞ여 벼슬이 니죠판셔[12]의 니르미 물망[13]이 됴야[14]의 읏듬이오, 츙효겸비ᄒᆞ기로 일홈이 일국의 진동ᄒᆞ더라. 일즉 두 아들을 두어시니, 일ᄌᆞᄂᆞᆫ 일홈이 인형이니 뎡실 뉴시 쇼ᄉᆡᆼ이오, 일ᄌᆞᄂᆞᆫ 일홈이 길동이니 시비[15] 츈셤의 쇼ᄉᆡᆼ이라. 션시의[16] 공이 길동을 나흘 ᄯᆡ의 일몽을 어드니 문득 뇌졍벽녁이 진동ᄒᆞ며 쳥룡이 슈염을 거ᄉᆞ리고 공의게 향ᄒᆞ여 다라들거ᄂᆞᆯ 놀나 기다르니 일장츈몽이라. 심즁의 ᄃᆡ희ᄒᆞ여 ᄉᆡᆼ각ᄒᆞ되, ‘ᄂᆡ 이졔 룡몽을 어더ᄉᆞ니 반ᄃᆞ시 귀ᄒᆞᆫ ᄌᆞ식을 나흐리라.’ ᄒᆞ고 즉시 ᄂᆡ당으로 드러가니 부인 뉴시 니러[17] 맛거ᄂᆞᆯ 공이 흔연이 그 옥슈를 닛그러 졍이 친압[18] 고져 하거ᄂᆞᆯ 부인이 졍ᄉᆡᆨ왈, “샹공이 쳬위[19] 존즁ᄒᆞ시거ᄂᆞᆯ 년쇼경박ᄌᆞ의 비루[20] ᄒᆞ믈 ᄒᆡᆼ코져 ᄒᆞ시니 쳡은 봉ᄒᆡᆼ치 아니ᄒᆞ리로쇼이다.” ᄒᆞ고 언파의[21] 손을 ᄯᅥᆯ치고 나가거ᄂᆞᆯ 공이 가장 무류ᄒᆞ여 분긔를 참지 못ᄒᆞ고 외당의 나와 부인의 지식이 업스믈 한탄ᄒᆞ더니, 맛ᄎᆞᆷ ᄯᆡ비 츈셤이 ᄌᆞ를 올니거ᄂᆞᆯ 그 고요ᄒᆞ믈 인ᄒᆞ여 츈셤을 잇글고 협실[22]의 드러가 졍이 친압ᄒᆞ니 이ᄃᆡ 츈셤의 나히 십팔이라. ᄒᆞᆫ번 몸을 허ᄒᆞᆫ 후로 문외의 나지 아니ᄒᆞ고 타인을 취ᄒᆞᆯᄯᅳᆺ이 업스니 공이 긔특이 녁여 인ᄒᆞ여 잉쳡[23]을 삼아더니 과연 그 달붓허 ᄐᆡ긔 잇셔 십삭 만의 일ᄀᆡ 옥동을 ᄉᆡᆼᄒᆞ니 긔골이 비범ᄒᆞ여

진짓 영웅호걸의 긔상이라. 공이 일변 깃거호나 부인의게 나지
못호믈 한호더라. 길동이 점점 즈라 팔 셰 되미 춍명이 과인호여 호
아흘[24] 드르면 빅을 통호니 공이 더옥이 이즁호나 근본 쳔싱이
라 길동이 미양 호부호형호면 믄득 쑤지져 못호게 호니, 길동이
십 셰 넘도록 감히 부형을 부르지 못호고 비복 등이 쳔디호믈 각
골통한호여 심스룰 졍치 못호더니 츄구월 망간[25]을 당호미 명월
은 죠요호고 쳥풍은 쇼슬호여 사룸의 심회[26]롤 돕눈지라,

밑에 달린 댓글을 훑어보자면

ㄴ 이 소설을 쓰는 사람이 고등학생이 맞나요? 성균관 유생이 쓰
　는 것 같아요.
　ㄴ 맞아요. 고전 시간인 줄 알았어요.
ㄴ 혹시 글쓴이도 서자?^^
ㄴ 뭔 말인지 하나도 모르겠당. ㅜㅜ
　ㄴ 친절하게 해석도 써 주세요.
　ㄴ 내 말이.^^
ㄴ 아, 이것이 한글 맞단 말인가?
　ㄴ ^^

허균은 밑에 달린 댓글을 보면서 연신 웃음이 터져 나왔다. 집안이 유학의 가풍을 가지고 있고, 아버지가 소설을 좋아하셨던 덕분에 아주 어릴 적부터 아버지가 옛 언어로 고전소설을 읽어 주셔서 자신에게는 동화책처럼 익숙한 문체가 다른 친구들에게는 외국어처럼 어렵게 느껴지는 것도 신기했다. 아버지가 돌아가신 이후에도 집안에 오래된 고전소설들이 있어서 아버지를 추억하며 형들과 심심파적(심심풀이의 한자어)으로 읽었던 고전 실력이 이렇게 발휘될 줄이야.

처음에는 긴가민가하며 시도해 본 고전소설 쓰기에 수많은 칭찬과 비난의 댓글이 쏟아지자, 허균은 무슨 사명감이라도 생긴 것처럼 소설 쓰기에 몰두했다. 원래는 일주일에 한두 꼭지씩 올리기로 마음먹었지만, 소설 쓰기에 재미가 붙자 하루가 멀다 하고 소설을 연재했다. 소설을 연재할 때마다 수많은 댓글이 달린 것은 물론이었다. 허균 덕분에 고전 실력이 늘었다는 독자로부터 감사의 편지도 받고, 다양한 곳에서 독서 모임에 참여해 달라는 요청이 쇄도하였다. 공개된 블로그라서 누나도 읽었는지 전화가 왔다. 소설이 중반쯤에 이르렀을 때였다.

"응, 누나."

"소설 재밌던데."

"누나도 봤어?"

"당연하지. 내 주변에도 읽어 보라고 권유할 정도야. 멋지다, 동생!"

"에이, 창피하게."

"창피하긴. 내가 그랬지, 너는 소설에 재능이 있는 것 같다고."

"재밌게 봤다니 다행이네."

"다 쓰면 소설 원고 나한테 줘야 해."

"누나, 취직했어?"

"응, 아는 언니가 하는 조그만 출판사에 취직했어. 취직이라기보다는 동업에 가까워."

"누나가 책을 내준다면야 나는 영광이지."

"아이 왜 이러시나 허 소설가님! 제가 영광이지요."

"누나."

"어쨌든 열심히 써라. 내가 응원하는 거 잊지 말고."

"응."

누나의 응원은 균에게는 천군만마를 얻은 것과 다름없었다. 균은 밤낮을 가리지 않고 소설 쓰기에 집중했다. 소설은 비록 조선 시대를 배경으로 하고 있었지만, 소설 속에 담은 내용은 균의 삶과 묘하게 닮아 있었다.

길동의 어머니인 춘섬이가 길동을 잉태하는 장면에서는 어머니의 모습을 떠올렸고, 길동이 집안에서 모함받고 위험에 처하는 상황을 쓸 때는 동네 사람들의 차가운 시선이 떠올랐으며, 길동이 집을 떠나 도적의 소굴로 들어갔을 때는 같이 지내는 무륜당 친구들이 떠올랐다. 도적의 우두머리가 되어 합천 해인사의 재물을 탈취할 때에는 잘 다니던 대학을 그만두고 자동차 공장으로 갔던 형 허봉이 떠올랐다. 형이 해 준 혁명이라는 말도 기왕 혁명할 바에는 팔도를 누비며 해야 할 것 같았다. 고등학교 1학년 때 읽은 《체 게바라 평전》이 떠오른 것도 그때 즈음이었다.

허균이 소설을 쓰느라 두문불출하자, 무륜당 친구들이 균의 집에 들이닥쳤다. 어머니는 반가운 손님을 맞이하듯이 친구들을 맞아들였고, 친구들은 배가 고프다며 어머니에게 애교를 부려 후라이드 치킨을 다섯 마리나 시켜 먹었다.

"어이, 소설가 친구. 요즘 블로그에서 인기가 제법이던데. 너 유명해지니까, 우리는 아예 잊은 거냐?"

응서가 농담조로 이야기하자, 양갑이가 덧붙였다.

"그 인기 우리가 만들어 준 거 잊어서는 안 된다. 내가 아는 놈들에게 죄다 링크 걸어서 너를 선전해 줬으니까, 유명해지면 우리한테도 떡고물을 나눠 줘야 해."

균은 빙긋이 웃으며 말했다.

"치킨을 다섯 마리나 먹은 놈들이 떡고물 이야기가 나오냐?"

"그런가?"

"그렇지."

"야, 그런데 소설에 나오는 도적들이 뭔가 모르게 우리를 닮은 것 같던데. 남의 허락도 받지 않고 소설에 막 써먹으면, 그게 뭐더라, 초상권 침해던가? 뭐 그런 거 걸리는 거 아냐? 우리한테 허락을 받고 써야지."

"무식한 놈, 초상권은 상대방의 사진을 함부로 쓸 때 행사하는 거고. 소설에 무슨 초상권이냐?"

응서의 트집에 양갑이가 농담으로 분위기를 잡았다. 응서는 헤헤거리며,

"그런가? 그나저나 다행이다."

하고 균의 어깨를 토닥였다. 균이 갸우뚱하자,

"우리는 방학 때 네가 기운이 하나도 없어서 조금 걱정했었는데, 이제 이렇게 신나게 소설을 쓰는 모습을 보니 얼마나 좋은지 모른다. 너는 모르겠지만, 우리끼리 너에 관해서 얘기 많이 했다. 괜히 친하게 지내서 앞길을 막는 건 아닌가 하고."

응서의 이야기를 듣던 균은 갑자기 눈시울이 뜨거워졌다.

'이 아이들이 나를 걱정하고 있었구나. 내가 괜한 말을 전해서 아이들이 상심했었구나. 그래도 친구랍시고 나를 잘 견뎌 주고 있었구나.'

이런저런 생각이 들자, 균은 친구들이 자신보다 더욱 의젓해 보였다. 눈가에 눈물이 고였다.

"어럽쇼? 균이 너 지금 우냐?"

"아니다."

"그럼 눈에 고인 건 뭐냐? 육수냐?"

"아니다."

"우리가 헤어지자고 할까 봐 슬퍼서 그러냐?"

"아니라니까?"

"그럼 여기가 안이지 밖이냐?"

응서의 아재 개그에 모두 웃으며 응서를 엎드려 놓고 때리기 시작했다. 썰렁한 놈은 매가 약이라며.

"그런데, 소설의 결말은 어떻게 되냐?"

"알고 싶냐?"

"당연히 알고 싶지."

아이들이 이구동성으로 말했다.

"나라를 만들 거다."

"나라?"

"우리들의 공화국!"

"조선 시대에도 공화국이 있냐?"

응서가 또 뜬금없이 끼어들었다.

"개떡같이 말해도 찰떡같이 알아들어라. 공화국이라는 말은 없다. 기존의 나라를 바로잡고, 온갖 요괴들을 물리치고, 우리만의 나라를 만들 거다."

"요괴도 나오냐?"

"후반부에 나온다."

"《서유기》패러디냐?"

"짬뽕이다."

"난 〈스타워즈〉가 좋던데."

또 웅서의 썰렁 개그. 균은 웅서를 한 대 쥐어박으며 말했다.

"그럼, 네가 써라."

"난 반성문이나 쓰겠다."

"그래라."

한바탕 웃음이 퍼졌다.

"그런데 나라 이름이 뭐냐?"

"율도국이다."

"그게 있는 나라냐?"

"아니, 유토피아야. 마음속에 있는 나라. 모든 것이 평등한 나라. 자유로운 나라."

"거기에 우리도 사냐?"

"살고 싶냐?"

"살고 싶다."

"그럼 살게 해 주마."

"고맙다. 땡큐다."

"괜찮다. 유어웰컴이다."

대사도 아니고 그렇다고 대화도 아닌 이야기를 주고받으며 균과 친구들은 킬킬대며 좋아했다. 율도국이면 어떻고, 감귤국이면 어떠랴. 우리만의 세상이라는데, 자유와 평등의 나라라는데. 친구들의 명랑한 웃음소리가 방 밖으로 널리 퍼져 나갔다.

그해 겨울방학이 끝날 무렵, 균은 소설 연재를 마쳤다. 의병장이 된 홍길동이 율도국의 왕을 물리치고 스스로 왕위에 오른 후, 태평성대를 이루는 것으로 결말을 맺었다. 조선 시대에 출간해도 손색이 없는 작품 하나가 완성되었다. 균은 그간 연재한 글을 모아 프린터로 뽑아서 서류 봉투에 담았다. 누나인 초희에게 보낼 원고였다. 처음에는 우편으로 부치려 했으나, 누나도 볼 겸 다시 서울로 올라갔다.

누나가 선배랑 같이한다는 출판사는 합정동에 있는 조그만 사무실이었다. 명패도 작아서 하마터면 못 찾을 뻔한 출판사 이름은 '에코페미'였다. 사무실 문을 열고 들어서자 감귤 향이 은은하게 퍼져 있었다. 겨울에는 감귤차를 항상 마시던 초희 누나의 향이었다. 어색하

073

홍길동전

3

게 서 있으려니, 초희가 책상에서 일어나 균을 반겼다. 초희 누나 옆에는 단아한 여인이 동시에 일어나 균을 보고 살며시 웃으며 고개를 숙이고 눈인사를 했다.

"어서 와, 우리 사무실 처음이지? 여기는 내 선배 최은숙이야. 이 회사 대표."

"애는 대표는 무슨, 둘밖에 없는 사무실에서. 어서 와요. 오는데 많이 고생했지요? 여기 앉아서 서로 이야기들 나눠요. 나는 감귤차를 대접할 테니. 감귤차 괜찮지요?"

이모뻘 되는 여인이 존대하는 것이 어색했지만 균은 감사하다고 인사하며 조그만 원탁에 앉았다. 손님 응대용 탁자 같은데 작지만 깨끗한 탁자보로 따뜻한 분위기를 연출하고 있었다. 대표는 감귤차를 타면서 말을 건넸다.

"초희한테 얘기는 많이 들었어요. 소설을 기가 막히게 쓰는 동생이 있다고. 얼마나 칭찬이 대단한지, 나도 소설이 연재될 때마다 다 읽었어요. 정말 참신하고 재밌던데요."

균의 얼굴이 발갛게 달아올랐다. 모르는 어른으로부터 칭찬을 직접 듣는 것은 처음이었다. 균은 말없이 어색함을 웃음으로 대신했다. 초희는 균의 손을 꼭 잡으며 말했다.

"거봐, 내가 너 소설 쓰면 잘 쓸 거라고 했잖아. 그런데 어쩌면 그런 형식으로 소설을 쓸 생각을 했니? 정말 대단하더라. 국문과를 다

�렸던 나도 생각하지 못했던 시도야. 고전 문체로 쓴다는 생각은 내가 아는 소설가들도 엄두를 내지 못할걸? 내 동생이지만 정말 대단하다."

"그냥 한번 써 본 거야."

"아니 그냥 쓴 게 아니던데. 국문학을 전공하고 교수를 하는 선배한테 물었더니, 정말 조선 시대 소설가가 쓴 글인 줄 알았대. 내 동생이 쓴 거라고 했더니 깜짝 놀라더라."

"자꾸 놀리면 나 그냥 간다."

균은 웃으며 초희에게 대꾸했다. 낯 뜨거운 칭찬이지만 싫지만은 않았다.

"알았어, 원고는 가져왔지?"

균은 가방에서 소설 원고가 든 봉투를 가만히 꺼내 초희에게 내밀었다. 초희는 원고를 꺼내 들고 마치 자신이 쓴 원고인 양 사랑스럽게 살펴보았다. 그리고 잠시 후에 원고를 탁자에 조용히 내려놓고 말했다.

"이 원고, 책으로 내 줄 출판사를 찾았어."

균은 의아한 눈으로 초희를 쳐다봤다.

"누나네 출판사에서 내는 게 아니야?"

"나도 우리 출판사에서 냈으면 좋겠지만, 우리는 환경과 여성에 관련된 책을 출간하기 때문에 네 글의 성격하고도 맞지 않고, 우리처

럼 작은 출판사보다는 네 책을 많이 팔아 줄 수 있는 출판사랑 연결

해 주자고 대표랑 얘기했어.”

“그런 출판사가 따로 있어?”

“그럼. 내가 네 소설 얘기를 하니까 서로 책으로 내겠다며 나서

는 바람에 내가 고르고 골라서 한 출판사랑 연결해 놨어. 네 덕분에

내가 다 우쭐해졌잖아.”

최은숙 대표는 감귤차를 내오면서 자신의 명함 한 장도 함께 내

밀었다.

“나중에 우리 출판사에도 책 한 권 써 줘야 해요? 나도 초희 씨

덕분에 베스트셀러 한 권쯤 내고 싶으니까.”

균은 공손히 명함을 받아 들고, 씩씩하게 대답했다.

“네!”

* * *

허균이 《홍길동전》을 책으로 받아 본 것은 그로부터 6개월 후, 그러

니까 고3이 되고 나서도 반년이 지나서였다. 책이 나오자, 여기저기

서 연락이 왔다. 주요 일간신문에도 ‘천재 소설가의 탄생’이라며 허

균과 소설을 크게 다뤄 주었고, 여러 방송국에서 인터뷰를 요청하는

바람에 학교에서도 일약 스타가 되었다. 고등학교에 재학 중인 학생

이 쓴 소설이라 더욱 과장되어 소개되는 통에 허균을 난처하게 만들기도 했다. 덩달아 가족사며, 형과 누나의 이야기, 손곡 선생님의 책방 이야기, 학교 담임의 이야기까지 주변이 탈탈 털린다는 게 무엇인지 실감 나게 체험했다. 어머니는 인터뷰를 한사코 거절하여 기사에 자세한 내용이 실리지는 않았지만, 소설 덕분인지 초당 두부의 매출이 올랐다며 좋아하셨다.

학교에서도 균을 대하는 태도가 급변했다. 균을 원수처럼 대하던 학주도 방송국에서 인터뷰를 하자, 입에 침이 마르도록 균을 칭찬했다. 예전부터 크게 될 인물인 줄 알았다는 둥, 동인지를 낼 때 싹수가 보였다는 둥, 차마 귀를 열고 들어줄 수 없는 이야기를 뻔뻔하게 웃으며 늘어놓았다. 보는 선생님마다 허 작가 허 작가 하면서 놀림인지 칭찬인지 구분이 안 될 정도로 균을 화제로 삼았다. 교장 선생님도 학교 정문에 현수막을 걸어 균의 소설이 나온 것을 축하해 주셨다.

균은 공중에 걸린 줄을 걸어 다니는 기분이었다. 유명해져서 좋기는 했지만, 입시에 집중할 수 없어서 위태로운, 그런 묘한 분위기가 지속되었다. 새옹지마라 했던가. 행운이 오면 불행도 따라오는 법. 균은 수능을 제대로 보지 못하고, 지원하는 대학마다 낙방하게 되었다. 균이 낙방을 거듭하자, 쏠려 있던 관심이 썰물처럼 빠져나가 버렸다. 그리고 고3 겨울, 서울에 있는 대학에 합격하면 누나 집에서 같이 살자던 약속도 지키지 못하게 되자, 균은 탄탄대로로 열려 있던 길이 갑자기 낭떠러지로 변해 버린 것만 같은 기분에 휩싸였다. 무륜 당 친구들도 몇몇은 원주에 있는 대학에 합격했고, 몇몇은 집안일을 돕는다며 직장 생활을 시작할 무렵, 균은 감옥 생활을 하듯이 집안에 틀어박히게 되었다. 그해 겨울은 몹시도 길고 추웠다.

[7] 《홍길동전》은 광해군 2년(1610년)에 익산시 함열로 유배된 허균이 유배지에서 완성한 소설이다. 그는 유배된 지 1년 후인 1611년에 당대의 인물에 대한 평가를 담은 《성소부부고》를 저술하였고, 2년 후인 1612년에 최초의 한글 소설 《홍길동전》을 저술하였다. 그는 《홍길동전》을 쓴 직후에 유배에서 풀려나왔고, 그해 12월에 명나라의 사신으로 선발되어 명을 다녀왔다. 그의 나이 44세였다.

[8] 화셜(話說) : 고전소설에서, 처음 이야기를 시작하면서 '이제부터 이야기를 시작한다'는 뜻으로 쓰이던 말.

[9] 의 : 처소를 나타내는 부사격 조사 '에'의 옛말.

[10] 뫼(某丨) : 모. 익명으로 나타내기 위해 쓴 것으로, 완판본(完板本)인 나손본(羅孫本)에는 '문'으로 되어 있다. 여기서 '丨'는 '이'의 축약형.

[11] 쇼년 등과(少年登科) : 젊은 나이에 과거에 급제함.

[12] 니죠판셔(吏曹判書) : 고려ㆍ조선 시대에 문선(文選), 훈봉(勳封), 고과(考課)의 일을 총관한 이조의 장관.

[13] 물망(物望) : 사회에 널리 알려져 높이 평가되는 것. 명성(名聲). 명망.

[14] 됴야(朝野) : 조정과 민간. 즉, 나라 안의 모든 사람.

[15] 시비(侍婢) : 시중을 드는 여자 종.

[16] 션시(先時)의 : 일찍이.

[17] 니러 : 일어나.

[18] 친압(親狎) : 버릇없이 지나치게 친함. 여기서는 성관계를 하려 하는 것.

[19] 체위(體位) : 사람의 지위, 신분.

[20] 비루(鄙陋) : 마음이 고상하지 못하여 더러움.

[21] 언파(言罷)의 : 말을 마치고.

[22] 협실(夾室) : 안방에 달린 곁방.

[23] 잉첩(仍妾) : 옛날에 귀인(貴人)에게 시집을 갈 때 자신의 여종이나 여동생을 함께 데리고 가서 남편의 첩으로 삼던 것.

[24] 흔아흘 : 하나를.

[25] 망간(望間) : 보름께.

[26] 심회(心懷) : 마음속의 회포.

4

고깃집 앞에서
입맛을 다시며

재수 1년 차. 겨우내 집안에만 틀어박혀 있었지만, 계속 은둔 생활을 할 수는 없었다. 균의 사정을 딱하게 보던 어머니가 서울에 올라가서 누나랑 잠시 지내 보는 것이 어떠냐고 제안했다. 균 역시 원주에서 지내는 것이 마뜩잖았다. 뭔가 감옥에 갇힌 기분이라고 할까. 그래서 누나에게 연락했더니 초희는 선뜻 허락하며 빨리 올라오라고 재촉했다. 균은 어머니에게 미안했지만, 우선은 자신의 가라앉은 상태를 벗어나는 것이 필요하다고 판단하여, 말이 떨어지기 무섭게 이것저것 챙겨서 서울로 올라갔다. 어머니는 김장 김치며 온갖 찬거리를 잔뜩 챙겨 누나네 집에 택배로 부쳤다. 균이 들고 올라가기에는 양이 많았다.

초희 누나 집에서의 생활은 아늑했다. 누나는 남편과 이혼을 결심하고 필요한 절차를 마친 후였다. 비록 돌아온 싱글이 되었지만, 출판사 생활이 초희 누나의 삶에 안정감을 주었다. 누나는 퇴근 후에도 원고를 한 뭉텅이씩 가지고 집으로 돌아왔다. 균은 심심해서 초희가 가져온 원고들을 함께 읽었다. 페미니즘이니 생태주의니 낯선 주제였지만, 제법 참신한 시각과 내용을 읽을 수 있어서 좋았다.

"누나네 출판사가 내는 책들이 다 이런 주제를 담고 있는 거야?"

"응, 은숙 선배가 대학에서 여성학을 전공했는데, 그 전공도 살릴 겸 여성의 삶과 목소리를 담은 전문 출판사가 있어야 할 것 같다고 해서, 나도 선뜻 동의했어."

"그럼 누나도 페미니스트가 된 거야?"

"처음부터는 아니지만, 이제는 페미니즘 시선으로 세상을 보는 것이 자연스러워졌어."

"너무 여성 위주의 사고만 하다 보면 나 같은 남성은 소외되는 거 아냐?"

"이런, 벌써부터 남성 노릇 하려고? 그리고 페미니즘을 여성만을 위한 사상이라고 생각하면, 그건 페미니즘을 근본부터 오해하는 거야. 페미니즘은 여성뿐만 아니라 남성을 포함한 모든 인간의 해방을 목표로 하니까."

"그래도 내가 읽은 내용에는 남성에 대한 비판이 아주 많던데."

"그야, 당연하지. 인간의 오랜 역사를 살펴보면, 남성이 여성을 지배해 온 것이 분명하잖아. 성차별을 통해 남성의 지배 구조를 더욱 단단하게 만든 것도 사실이고. 그렇게 한쪽으로 기울어진 운동장을 바로 세워야 남성과 여성이 평등하고 자유롭게 살 수 있는 거지."

"우와, 누나 투사가 다 됐는데."

"난 투사가 아니라 그냥 인간이고 싶은 여성이야."

"그래서 이혼을 결정한 거야?"

균의 질문에 초희는 잠시 멈칫했지만 바로 대답했다.

"그건 좀 복잡한 문제지만, 페미니즘적 시각이 많은 영향을 미친 것은 사실이야. 나는 누구에게 종속된 아내가 아니라 그냥 자유인으로 살기로 했어. 내 삶의 주인은 남편이 아니라 나니까. 이도 저도 아닌 미적지근한 관계도 싫었고."

균은 페미니즘에 대해서 잘은 모르지만, 초희가 생기를 되찾고 즐겁게 생활하는 모습을 보면서 괜찮은 사상이라는 생각을 어렴풋이 하게 되었다. 누나랑 함께 사는 서울의 삶은 따뜻해서 좋았다. 균은 초희에게 그냥 지내기도 미안하니 아르바이트라도 하겠다고 말했다. 초희는 돈 걱정은 하지 말고 학원에 등록해서 대입이나 충실하게 준비하라고 말했다. 하지만 균은 갑갑한 학원 생활은 하기 싫었다. 그리고 딱히 대학에 들어갈 생각도 들지 않았다. 그냥 자신이 무엇을 하며 살면 괜찮을지 길을 찾고 싶었다. 그래서 누나네 집에서 가까운 편의점 알바부터 시작했다.

편의점 알바는 할 일도 많고 손님도 많아서 잡생각이 들지 않아 좋았다. 누나가 출근하는 오전 시간에 맞춰 편의점에 출근하여, 밤새 근무했던 아저씨에게 인수인계를 받고, 출납기에 현금 확인하고, 오전에 들어오는 물품을 대조한 후 보기 좋게 전시했다. 손님이 오면 웃는 낯으로 맞이하고, 사는 물건을 신속하게 처리하여 계산하고, 보너스 카드도 챙겨서 등록하는 등 별로 티도 나지 않는 일이었지만, 하나라도 제대로 처리하지 않으면 편의점 운영이 삐거덕거리는 일이었다. 백 원 천 원 장사지만 그렇게 해서 알바생 두 명과 아저씨 한 분, 편의점 주인 부부 등의 생계가 이어지고 있었다. 처음으로 몸을 움직여 버는 돈이라 그런지 얼마 되지 않은 월급을 받고 나서 사회의 일원으로 살아가는 것이 이런 것이구나 실감할 수 있었다.

오전 근무가 끝나면 점심시간이 되는데, 편의점 주인은 진열된 인스턴트식품 중 먹고 싶은 것을 골라 마음껏 먹게 해 주었다. 마음껏 먹는다고 해야 컵라면에 삼각 김밥이나 햄버거, 도시락 세트 등이었지만, 일한 후에 먹는 음식은 꿀맛이었다. 균은 페이스북에 자신이 먹었던 편의점 음식들에 대한 평가를 재미나게 기록했다. 처음에는 장난으로 글을 올렸지만 다양한 댓글들로 반응을 보이자, 이제는 좀 더 신경 써서 '편의점 음식 맛있게 즐기는 법', '최고로 맛있는 편의점 3종 세트', '가성비(가격 대비 성능) 최고 상품', '편의점 음식을 요릿집 음식처럼 먹는 법' 등 다양한 맛 칼럼을 쓰기 시작했다. 균이 올리는 글이 《홍길동전》의 저자가 올리는 글이라는 소문이 페이스북에 퍼지자, 메신저로 편의점 음식 맛 칼럼을 모아 책으로 내자는 제안도 받았다. 참 재미나고 웃기는 세상이었다.

오후 시간에는 누나 집이나 도서관에서 독서나 입시 공부를 했다. 딱
히 대학에 입학할 생각은 아니었지만, 그렇다고 한사코 들어가지 않
겠다고 생각한 것은 아니어서 근심 해소용으로 공부를 했는데, 고등
학교에 다닐 때와는 다른 느낌으로 다가왔다. 고등학교 때의 공부가
의무로 하는 것이었다면, 지금의 공부는 뭔가 새로운 것을 만나는 기
분이랄까. 고등학교 내내 공부했던 것들이 새롭게 읽혔고 재미있게
다가왔다. 삶과 조금은 밀착한 공부처럼 느껴졌다.

저녁 시간이 되면 균은 누나를 위해 식사를 준비했다. 누나랑 같이
살면서 저녁 식사만큼은 맛있게 대접하리라 생각했었다. 비싼 재료
로 만든 것들은 아니었지만, 균은 스마트폰으로 그날 요리할 메뉴를
선정하여 장을 보고, 누이를 위해 정성껏 음식을 만들었다. 매번 어
머니가 차려 준 음식만 먹던 균에게 요리는 새로운 세계였다. 그 흔
한 김치찌개나 된장찌개부터, 고등어조림이나 카레라이스, 돼지 불
고기나 오징어무침 등 인터넷에서 검색한 요리법을 참조하여 하나
둘 만들어 보았다. 음식 솜씨가 좋은 어머니의 유전자를 물려받아서
인지 처음 해 보는 요리였지만, 제법 맛이 있었다. 요리 후에 사진을
찍고, 페이스북에 사연을 올리는 재미도 쏠쏠했다. 누나도 균이 준비

한 음식들을 먹으며 항상 칭찬을 아끼지 않았다.

"우와, 김치찌개가 예술이네."

"엄마가 보내 준 묵은지로 만들었어. 김치찌개는 김치가 맛을 좌우하지."

"내가 끓이면 이런 맛이 안 나던데, 너 아예 이쪽으로 진로를 정해 보는 건 어때?"

"그냥 재미로 만드는 거야. 요리사가 될 생각은 없어. 어차피 요즘 세상은 혼밥족이 대세라서 언젠가 혼자가 되면 나도 음식을 만들어 먹어야 하니까 연습으로 하는 거야."

"우리 균이가 세상 돌아가는 이치를 아네. 혼자 살기 위해서가 아니라 같이 살기 위해서라도 이런 살림의 기본기는 갖추고 있어야 해. 여성이 차려 주는 음식을 넙죽넙죽 받아먹는 시대는 지났으니까."

"알아, 나도 밥값은 해야지."

"알바하기 힘들지는 않아?"

"힘든 거야 뭐 다를 힘들게 일하잖아. 그런데 누나, 내가 페이스북에 이런저런 맛 칼럼을 썼더니 책으로 내자는 사람이 있었어,"

"그래? 반가운 소식이네. 그래서 낸다고 했어?"

"아니, 아직 답은 주지 않았어. 그냥 장난삼아 쓴 글로 책을 내는 건 맞지 않는 것 같기도 하고."

"그래, 나도 읽어 봤는데, 책으로 내기에는 뭔가 부족하더라."

"누나도 내 페이스북 글을 읽어 봤어?"

"당연한 거 아니야? 허 작가님의 팬인데."

"놀리지 말고. 누나가 보기에 뭐가 부족해?"

"진지하게 묻는 거야?"

"응, 나 조금 진지해."

"그럼 나 이 진지 다 먹고 이야기하면 안 될까?"

"헉."

"썰렁했니?"

"나 여기 닭살 돋은 거 보여? 닭요리 먹고 싶어?"

"헉!"

저녁 식사 후에 균과 초희는 생강차를 한 잔씩 타서 탁자에 앉았다. 균이 설거지를 마친 후였다. 초희는 생강차를 한 입 홀짝인 후에 입을 열었다.

"책이 되려면 몇 가지 필요한 게 있어. 단지 소재가 좋아서 책이 되는 것은 아니니까."

"뭐가 필요한데?"

"책에는 그 사람의 철학과 스토리가 있어야 해. 만약에 네가 편의점 알바를 한 이야기로 책을 쓴다면, 단순한 음식 품평만으로는 책이 될 수 없지. 너의 처지나 편의점 알바의 애환 같은 것도 담겨야 하고. 음식을 소재로 한다고 해도, 그 속에 음식에 대한 철학이 담겨 있어야겠지? 음식의 유래나 역사 같은 것에 관한 공부도 필요하지 않을까?"

"소설을 쓰는 것보다 더 복잡하네."

"아니, 더 복잡한 것이 아니라 소설과는 다른 접근 방식으로 쓰는 거라고 생각하는 건 어떨까? 소설은 인물과 사건을 통해서 네가 하고 싶은 이야기를 전개하는 것이라면, 맛 칼럼은 음식이나 맛에 대한 고유한 관점이 너의 삶을 통해서 드러나는 것이지. 소설에서는 네가 직접 드러나지 않지만, 맛 칼럼은 네가 직접 드러날 수밖에 없어. 그만큼 너의 삶과 생각이 매력적이어야겠지."

"아이고 복잡해라. 그냥 재미로 쓰면 안 돼?"

"그냥 재미로 써도 돼. 하지만 재미로 글을 쓰는 거와 책을 내는 건 다른 거지. 단지 재미로 글을 쓴다면 출판사나 편집인들은 할 일이 없게 돼. 쓴 글을 책으로 낸다는 건 작가와 출판인이 공동 작업을 한 결과거든."

"누나가 출판사를 하더니 이제는 출판인이 다 됐네."

"호호호, 얘가 드디어 사람 볼 줄 아네."

균은 누나와 이야기를 하면서 많은 생각을 하게 되었다. 자신은 엉겁결에 작가가 되었지만, 작가가 되는 길이 쉬운 것은 아님을 절감했다. 자신의 철학과 세계관을 세우고 삶을 만들어 가는 것은 하루 이틀에 될 수 있는 일이 아니었다. 고작 편의점 알바 한두 달 했다고 책을 내자는 유혹에 살짝 혹했던 자신이 부끄러워졌다. 하지만 한편으로는 자신과 같은 처지에 있는 청년들이 많다는 것과 어차피 이제는 혼자 살아가는 청년들이 늘고 있다는 것을 생각해 보면, 그들을 위한 책 쓰기가 소용없는 것만은 아니라는 생각도 들었다.

또 다른 한편 고등학교 시절, 삶에 도움이 되는 수업은 턱없이 부족했다는 생각마저 들었다. 입시만을 위해서 기계처럼 살면서 정작 자신의 삶은 부모님이나 다른 사람에게 전적으로 의존하며 살아가는 청소년들을 떠올려 보면서, 학교 공부가 정말로 불구였구나 하는 생각도 들었다. 어쩌면 자신처럼 인문계 고등학교에 다니는 것보다 농고나 공고에 들어간 학생들이 더 삶에 다가가는 인생을 살았던 것은 아닐까? 초중고 12년을 온전히 입시만을 향해 달려가는 청소년들이 자신처럼 입시에 실패하면 어떻게 살 수 있을까 생각해 보니 아찔했다. 청소년 시절을 입시가 아니라 삶을 위해서 살아야 하지 않았을까? 입시는 삶의 한 부분에 불과한 것인데, 그것이 전부인 것처럼 학생들을 몰아세웠던 학교나 선생님은 도대체 왜 그랬을까? 삶의 주인공으로 성장해야 할 학생들이 입시에 실패한 삶의 열패자가 되었을 때, 그 기분을 학교나 선생님들은 알고 있을까? 그날 밤 균은 지난 시절을 주마등처럼 회상하며, 자신과 함께 입시에 실패한 아이들을 떠올리며 하얗게 밤을 지새웠다.

* * *

그래 끌려가지 말자. 비록 학교에 다닐 때는 선생님이 시키는 대로 끌려다녔지만, 지금은 어엿이 고등학교를 졸업한 성인이다. 그러니 더는 남에게 끌려다니지 말고 내가 나를 이끌고 가자. 내 삶의 주인공은 나니까. 균이 밤을 지새우고 또렷이 도달한 결론이었다.

균은 대학 입시에 실패하여 열패감에 빠졌던 자신이 한없이 부끄러워졌다. 무엇을 위한 열패감이었을까? 누가 만들어 놓은 덫에 걸렸던 것일까? 남이 만들어 놓은 덫에 걸려 한없이 좌절하는 것은 자신의 삶에 전혀 도움이 되지 않는 행동이었다. 대학에 왜 들어가려고 했던 것일까? 자신을 위한 것이 아니라면 대학에 합격했어도 아무런 도움도 되지 않았을 것이다. 설령 합격이 되어 승리감에 잠시 도취하였다 하더라도 그 승리조차 자신에게 별 도움이 되지 않았을 것이다. 자신이 어디로 가야 할지, 어디로 가고 있는지도 모르는데, 대학에 입학한들 그것은 또 다른 방황으로 이어졌을 것이다. 생각이 여기에 이르자, 균은 대학 입시에 실패하고 하루하루를 낭비하듯 보내온 날들이 참으로 아깝다는 생각이 들었다. 차가운 바람처럼 선명하게 맑은 정신이 들자, 균은 주어진 하루하루를 자신을 위해서 살아가기로 다짐했다.

균은 아침 식사 시간에 누나에게 이제는 돌아갈 시간이 되었다고 말했다. 초희는 깜짝 놀라면서도 뭔가 안도의 눈빛을 균에게 보냈다. 방황하던 동생이 자신의 갈 길을 알게 된 것이라는 믿음이 그동안의 생활을 통해서 초희의 마음에 확신으로 자리 잡았기 때문이다. 그 시기가 예상보다 빠른 것은 의외였지만, 균의 회복력은 자신보다 훨씬 빠르구나 하는 생각에 초희는 동생이 듬직해 보였다.

"그래, 언젠가는 돌아갈 것으로 생각했어. 예상보다 빠른데?"

"석 달을 허송세월했으면 됐지 뭐."

"허송세월이라니 왠지 섭섭한걸? 나는 네가 있어서 정말 좋았는데……."

"아, 그런가? 누나한테 허송세월했다는 게 아니라 나한테 허송세월했다고."

"알아, 알아. 잘됐다. 엄마도 가끔 전화해서 네 안부를 묻곤 했어."

"엄마가? 내가 전화할 때는 별말씀 없으시던데."

"너한테야 별말씀 없으셨겠지만, 네 걱정이 이만저만 아니셨어."

균은 갑자기 어머니에게 미안한 마음이 들었다. 어머니의 마음을 헤아리지 못했다고 생각하니 창피하기까지 했다.

"그런데, 어쩌나. 집에 당장 가지는 않을 텐데."

"집에 안 가면 어디 가려고?"

"이왕 방황하는 김에 전국을 한 번 돌아보려고. 원주에만 처박혀서 이 조그만 땅덩어리도 돌아다니지 못했던 내가 억울해서. 뭐 나를 찾기 위한 여행쯤이라고 해 두지 뭐."

"알았어. 엄마한테는 말씀드리고 돌아다녀. 하루에 한 번씩 전화도 해 드리고. 경비는?"

"알바해서 벌어 놓은 돈 있어."

"그 돈이 얼마나 된다고. 내가 좀 줄 테니까 가지고 가."

"와, 그렇다면 사양하지는 않을게. 성공하면 누나는 내가 책임질 테니까."

"별 얘기를 다 하네. 나중에 누나가 출판할 책이나 써서 줘."

"난 페미니스트가 아닌데?"

"아니, 너는 충분히 페미니스트야. 네 안에 있는 여성성을 충분히 발휘하고 있으니까."

"그런가?"

"말로만 페미니즘을 이야기하는 사람보다 너는 더 훌륭한 페미니스트라고 나는 생각해. 가끔 나한테도 전화해야 해. 나도 네 소식 궁금하니까."

"알았어. 누나 그동안 고마웠어."

"그래 알았다. 그나저나 너 떠나면 나 아주 쓸쓸할 거야."

"쓸쓸하니까 페미니스트다."

"책 제목 좋다. 어디서 많이 들어 본 문장인데?"

"하하하. 그런가?"

초희가 출근하고 균은 집을 나섰다. 오전 편의점 알바를 마치고, 주인에게 죄송하다는 말과 함께 저간의 사정을 이야기했다. 주인은 앞날을 응원한다면서 그동안 일했던 일당에 십만 원을 더 얹어 주었다. 성공하면 찾아오라는 당부와 함께. 균은 꽃집에 들러 꽃 한 다발을 사 들고 다시 집으로 돌아왔다. 탁자 위 꽃병에 꽃을 꽂아 장식하고, 그동안 고마웠다는 인사말과 함께 정성스럽게 편지 한 장을 써서 놓아두었다. 짐을 정리하고 집을 깨끗하게 청소한 후 밖으로 나서니, 봄기운을 담은 따스한 햇살이 눈부셨다. 겨울에서 봄으로 가는 길목이 참 따스했다.

* * *

균이 집으로 돌아간 것은 그로부터 한 달이 지난 후였다. 그간 균은 전국을 돌아다니며 각 지역의 청년들을 만나 이야기를 나눴다. 균이 《홍길동전》을 쓴 것이 큰 도움이 되었다. 전국의 국공립 도서관들과 작은 도서관의 전화번호를 입수하여 '작가와의 만남'을 제안했다. 마침 신학기라 꽤 많은 곳에서 긍정적인 반응을 보였다. 균이 도서관 일주를 결심한 것은 경비 마련 차원이기도 했지만, 그렇게 해서 만나는 청소년, 청년들과 함께 이야기를 나누는 것이 더 큰 목적이었다. 한 달간의 빽빽한 일정을 짜고 수많은 청소년과 청년을 만났다. 균은 주로 학생들과 대화하는 방식으로 작가와의 만남을 진행했는데, 입시를 걱정하는 청소년들은 균이 몇 달 전까지만 해도 같은 처지에 있었던 터라 이야기가 잘 통했다. 대학생, 직장 청년, 백수 청년들과 만난 것도 균에게는 더없이 좋은 기회였다. 대학 생활에 대한 정보와 직장 청년의 처지도 생생하게 느낄 수 있었다. 균은 백수 청년들과는 더욱 깊은 이야기를 나눴는데, 그들 중 일부는 지역에서 청년회나 단체 등을 운영하는 사람들도 있었다. 기회가 되는 날은 그들과 1박을 하며 밤새워 이야기를 나눴다.

"엄마 아빠는 대학만 들어가면 뭐든지 다 해 주겠다고 했지만, 그냥 지금 뭐든지 다 해 주면 좋겠다."

"나는 대학에 들어가기보다 동네에 조그만 와플 가게를 차려서 돈을 벌며 살고 싶다. 와플을 파는 데 대학 졸업장이 필요한 건 아니지 않을까?"

"대학에 떨어져서 중소기업에 취직했는데, 대학 졸업생과 임금

차이가 너무 심해서 일할 맛이 안 난다."

"학문의 전당이라고 해서 대학에 들어갔는데, 막상 들어가니 다시 회사에 들어가기 위한 취업 준비의 전쟁터가 대학이었다."

"대학 등록금이 올라서 돈을 마련하느라 과외다 뭐다 열심히 일하는데, 그래도 다 마련하지 못했다. 내가 대학을 다니고 있는지, 대학에 돈을 바치고 있는지 모르겠다. 일하느라 공부할 시간도 없다."

"대학을 졸업하고도 취업이 안 돼서 걱정인데, 설상가상으로 학자금 대출을 갚아야 해서 알바를 세 개나 뛰고 있다."

"대기업에 입사했다가, 너무 힘이 들어서 일 년 만에 퇴사하고 말았다. 내가 일하는 기계인가 싶다. 차라리 다른 나라에서 살고 싶다."

"지방 삼류대는 나와 봐야 취직에 아무런 도움이 안 된다. 서울에 있는 대학에 편입하려고 공부하고 있는데, 잘하는 건지 모르겠다."

수많은 이야기가 오고 갔다. 그들을 만나 이야기를 나누면서 한 가지 공통점을 발견할 수 있었다. 그것은 미래에 대한 불안이었다. 입시를 준비하는 학생이건, 대학이나 직장을 다니는 청년이건, 아니면 백수로 지내거나 단체 생활을 하는 청년들 모두 자신의 앞날을 걱정했다. 대학만 들어가면 뭐든지 잘 풀릴 것이라고 어른들은 말했지만 모두 거짓말이었다. 그것은 신문이나 TV만 보아도 금세 확인할 수 있었다. 이 불안함은 근본적인 것이어서 한두 가지가 바뀐다고 해결될 수 있는 것이 아니었다. 단순히 입시 제도만 바꾼다고 해결되는 것이 아니라 청소년과 청년을 대하는 사회적인 태도와 관점이 바뀌어야 했다. 모두 대화 속에서 그런 이야기들을 했다. 그렇다면 과연 어떻게? 무엇부터? 누가? 균도 해답을 찾지 못하고 그들과 함께 고민을 나누며 고통스러워했다. 하지만 이렇게 고민과 고통을 나누는 것만으로도 서로가 서로에게 위로가 되는 경험도 했다. 어느새 균은 만난 사람들과 형, 동생 하며 친분을 형성할 수 있었고, SNS를 통해 서로 연락하며 지내자고 약속했다. 균의 고민은 이제 균만의 고민이 아니라, 전국에 있는 청소년과 청년들의 고민임을 확인했다. 이 한 달은 그것만으로도 충분한 시간이었다.

도서관을 돌면서 지역의 유명한 맛집을 기행하게 된 것은 덤으로 얻은 행운이었다. 그 지역 사람들이 잘 아는 식당에 들러 음식을 먹으면서 주인장과 이야기를 나누고, 레시피나 식당의 역사도 듣게 되었다. 편의점에서 먹었던 음식과는 비교도 할 수 없을 정도로 다양한 음식을 접하면서 균은 살아가는 모습이 다양하듯이, 음식도 지방에 따라 재료도 다르고 맛도 다르다는 것을 눈과 혀로 직접 체험할 수 있었다. 그리고 혼자 먹는 음식이 아니라 함께 이야기하며 나누는 음식이 훨씬 맛있다는 것도 깨달았다. 균은 이러한 경험을 바탕으로 페이스북에 새로운 맛 칼럼을 연재했다. 이전에 편의점에서 썼던 내용보다 훨씬 풍부하고 사람 냄새가 많이 나는 글이 쓰였다. 덕분인지 독자도 늘고, 공유하며 댓글을 다는 사람들도 많이 생겼다.

그 와중에 전라북도 부안에서 이향금[27]을 만난 것은 균에게 행운이었다. 향금은 '천향'이라는 전통 음식점을 운영하는 여주인이었다. 그녀의 남편인 유희경[28]은 지역에서는 꽤 알려진 시인이었다. 향금도 '매창'이라는 필명으로 시를 썼다. 균이 전라북도를 돌고 있을 때 메신저를 통해 자신의 음식점에 한번 방문해 달라는 향금의 연락을 받았다. 균의 글을 잘 읽고 있으며, 음식을 한번 대접하고 싶다는 정중한 초청이었다. 균은 기쁜 마음으로 초대에 응했다. 뭔가 좋은 일이 생길 것만 같았다. 예상은 적중했다. 전통 음식점을 운영하는 향금은 균을 친동생 대하듯 자상하고 따뜻하게 대접하며, 전통 음식에 대한 수많은 정보를 쏟아내듯 알려 주었다. 자신이 준 정보를 균이 글을 쓰는 데 잘 활용했으면 좋겠다는 생각으로 초대했다며, 좋은 글을 많이 쓰라고 격려해 주었다.

초희 누나 이외에 한 여성으로부터 이처럼 지극한 대접을 받기는 처음이라고 균은 생각했다. 향금의 남편인 희경도 균보다 20세 넘게 연상이었지만, 균을 친구 대하듯 격의 없이 대해 주었다. 균은 큰 형뻘인 희경이 자신에게 과분한 대접을 하는 것이 부담스러웠지만,

같이 문학을 하는 사람들끼리는 격의 없이 지내는 것이라는 희경의 말에 말없이 웃음으로 그 어색함을 감추었다. 정말 고마운 부부였다. 그들은 나중에 든든한 후원자가 되어, 균이 힘들 때마다 격려를 아끼지 않는 고마운 인연이 되었다. 균이 나중에 음식 기행집《고깃집 앞에서 입맛을 다시며》[29]를 출간할 수 있었던 것도 이들의 지원과 격려 덕분이었다. 세상은 힘들다지만 이처럼 곳곳에 따스한 사람들이 있어서 살아갈 힘을 얻을 수 있었다.

이제는 집으로 가자. 앞으로 살아갈 에너지는 충분히 얻었다. 그리고 앞으로 무엇을 하며 어떻게 살아야 할지도 어렴풋이 그릴 수 있었다. 균은 그렇게 생각했다. 개나리, 진달래 피는 따뜻한 봄날이었다.

[27] 부록 〈허균 주변의 역사적 실존 인물〉 이매창 참조
[28] 부록 〈허균 주변의 역사적 실존 인물〉 유희경 참조
[29] 부록 〈허균의 작품과 사상〉《도문대작》 참조

5

개와 나눈 이야기

"다녀왔습니다."

"왔구나. 그동안 고생 많았다."

4개월 만의 귀가인데 어머니의 대답이 생각보다 담담했다. 누나 말대로 전국을 돌아다니며 하루가 멀다 하고 안부 전화를 드려서 그러나? 균은 어머니의 표정을 살펴보았다. 조용히 웃으시며 맞이해 주었지만, 못 본 4개월 동안 얼굴이 꽤 수척해지신 것 같았다.

"어머니, 어디 아프세요?"

"아프기는. 그냥 늙어 가는 거지."

늙어 간다는 어머니의 말이 균의 가슴을 무겁게 했다. 태어나 자라고 늙는 것은 자연의 이치지만, 어머니의 입에서 늙는다는 이야기를 듣는 것은 처음이었다. 균은 다가가 어머니를 조심스럽게 안았다. 균의 품 안에 안긴 어머니는 따스했다. 어머니! 균은 어머니를 품에 안은 채 가만히 있었다. 어머니도 균의 품 안에서 조용히 균에게 몸을 맡긴 채 서 있었다. 다녀왔습니다. 균은 속으로 다시 한번 어머니에게 인사를 했다. 어서 오너라. 어머니도 말없이 균에게 답하는 것 같았다. 가슴속에 품어 둔 수많은 말들이 입을 통해서가 아니라 서로의 온기를 통해서 전달되고 있었다.

"밥 먹자. 두부찌개 해 놨다."

"네. 어머니가 해 주시는 두부찌개가 그리웠어요."

"고생하더니 아부 실력이 늘었구나."

"고생하지 않았어요. 다들 친절하게 잘 대해 주셨어요. 오히려 환대를 받고 위로를 얻은 것 같아요."

"그래, 세상에는 고마운 사람들이 많이 있지. 다 네 빚이다. 나중에 갚아라."

"네, 그러려고요."

어머니와 마주 앉아 먹는 저녁 식사는 평화로웠다.

"그래. 이제 갈 길이 보이니?"

"네. 어렴풋이요. 대학에 입학할 생각이에요."

"잘 생각했다. 네 형과 누나도 대학을 다니다가 도중에 그만두었지만, 그건 그 아이들의 운명이니 어쩔 수 없는 일이었고, 혹시 너도 대학에 입학하고 그만두는 건 아니겠지?"

"아이고 어머니도 참, 누가 대학을 그만두려고 입학을 해요."

"그래, 하긴 그렇구나."

"네. 걱정하지 마세요."

"걱정은 안 한다. 다 품 안의 자식이다. 어른이 되면 자기 길은 스스로 알아서 가는 거니까. 나는 걱정 안 한다."

걱정 안 한다는 어머니의 말씀에 슬픔이 묻어 있었다. 대학을 그만두고 공장에 다니는 형이나, 이제는 이혼해서 혼자 사는 누나에 대해 입 밖으로 한마디 말씀도 하지 않으셨던 분이다. 그 모든 일을 그저 가슴에 담아 두고 담담하게 사셨지만, 어디 걱정이 없었겠는가. 하루하루가 걱정이었을 것이다. 노심초사였을 것이다. 어머니가 가끔 절에 가서 불공을 드리고 돌아오는 날이면, 균은 언뜻언뜻 어머니의 마음을 읽을 수 있을 것 같았다. 어머니로 살아간다는 것은 기쁨도 슬픔도 모두 가슴에 담아서 녹여내는 일이었다. 그 기쁨과 슬픔의 무늬가 가슴에서 흘러나와 손과 얼굴로 번지는 것이 주름이리라. 어머니는 그렇게 주름을 하나둘 더해 가고 계셨다.

"밤에 네 친구들이 온다더라."

"그래요? 내가 돌아오는 것을 어찌 알고?"

"내가 말해 주었다. 너 없는 사이에 친구들이 가끔 들러 인사를 하고 가곤 했다. 고마운 아이들이다. 귀하게 대해 줘라."

"네."

친구란, 또 다른 나라고 누가 말했던가. 균도 누나 집에 있을 때, 전국을 돌아다닐 때 친구들이 매우 그리웠다. 하지만 연락을 하지는 않았다. 자신이 바로 서야 친구를 당당하게 대할 수 있을 것 같았다. 친구들도 균의 마음을 아는지 균에게는 도통 연락을 하지 않고, 균이 없는 사이에 균의 어머니를 돌보고 있었다.

그날 저녁 균은 오랜만에 친구들과 시끄러운 시간을 보냈다. 다들 어제 본 사람처럼 균을 대했다. 균은 그동안 어떻게 지냈는지 친구들에게 이야기해 주었는데, 이야기 중간중간 친구들은 환호성을 지르며 손뼉을 치고 웃어 주었다. 그냥 그렇고 그런 이야기였는데, 친구들은 어드벤처 게임을 할 때 보이는 화끈한 리액션으로 답했다. 이런 과장이 우정일까? 균은 '그렇다. 이런 것이 우정이다.' 하며 속으로 답했다. 친구들과 웃고 떠드는 사이에 균의 여독은 서서히 풀어지고 있었다.

* * *

"며칠 더 지내다가 낙산사로 가거라."

아침 식사를 마친 후 어머니는 아무렇지도 않게 말했다. 균은 어머니의 말씀이 의아하여 눈을 멀뚱거리며 쳐다보았다.

"그렇게 엄청난 이야기를 갑작스럽게 아무렇지도 않게 말씀하세요?"

"갑작스럽긴 하겠다만 네가 대학을 간다고 해서 내가 조용히 공부할 수 있는 곳을 마련했다. 마침 낙산사에 아는 스님이 있어 연락했더니, 조용한 방이 있다고 하더구나. 네 성격에 학원을 다니지는 않을 것 같고, 집에 있으면 이런저런 일에 정신이 산란해질 수 있으니, 내 걱정은 하지 말고 내 말을 따르도록 해라."

"아니에요. 그냥 집에서 지내면서도 공부할 수 있어요."

"아니다. 네가 집 나간 사이에 나도 이런저런 생각을 많이 했다. 이제 방황이 끝났으니 몰두해야 하는 시기다. 일 년이 길어 보이지만 지내 보면 금세더구나. 공부하기로 했으면 공부만 하여라. 너희 형도 누나도 그렇게 했다."

어머니의 결정은 의외로 단호했다. 균은 일주일 후에 쫓겨나듯 집을 나와 낙산사로 향했다. 낙산사가 어떤 곳인가. 신라 시대 의상대사가 창건한 이래 오늘날까지 이어져 내려온 천년 고찰이며 불교의 성지다. 오봉산 자락에 자리 잡은 낙산사는 동해가 바라다보이는 아름다운 절이다. 규모가 큰 데도 분위기는 정갈하여 기도를 드리는 많은 사람이 방문하는 마음의 안식처였다. 화창한 봄날, 온갖 꽃들이 피어 있는 낙산사의 일주문을 지나 홍예문을 통과했을 때, 한 젊은 스님이 균을 맞이했다. 어머니께서 벌써 연락을 하신 것이다.

"안녕하세요. 저는 허균입니다."

"소승은 일지(一指)라고 합니다. 보살님께서 아드님이 공부할 방

을 마련해 달라고 하셔서, 조용한 방으로 자리 잡아 놓았습니다. 소
승을 따라오시지요."

비록 젊기는 했으나 균보다 나이가 네다섯은 많아 보이는 스님
이 존대하니 균은 어찌 응대해야 할지 몰라 스님이 이끄는 대로 뒤를
따랐다. 오른쪽으로 난 길을 따라 조금 걷다가 취숙헌이라는 곳에 당
도했다. 일지 스님은 맨 끝 방으로 안내했다.

"이곳이 불자님들이 가끔 템플스테이도 하면서 머무시는 곳입
니다. 식당이 딸려 있으니 지내기에 어려움은 없을 겁니다."

"네, 감사합니다."

"짐을 풀고, 한번 둘러보세요. 관세음보살님을 모시는 곳이라 어
머니의 품 같을 것입니다. 지내시는 데 불편함이 있으면, 언제든지
저를 찾아 주시면 됩니다."

일지 스님은 웃으며 합장을 하고 나갔다. 균은 빈방에 홀로 남겨졌
다. 주위를 둘러보았다. 방은 정말로 정갈했다. 딱 필요한 것 외에는
아무것도 없는 공간. 화려하게 채워진 방이 사람을 주눅 들게 한다
면, 사찰의 방은 텅 비어 있어 오롯이 자신을 돌아볼 수 있도록 만드
는 힘이 있다고나 할까. 균은 얼마 안 되는 짐을 풀고 밖으로 나섰다.
갑작스러운 어머니의 결정이었지만, 둘러보니 마음이 고요해졌다.
공부하기에는 최적의 장소라는 생각이 들었다.

낙산사는 커다란 절이지만 위압감은 없었다. 더도 덜도 말고 모두가 있어야 할 곳에 마땅히 있는 것 같은 느낌이랄까? 사천왕문을 지나 빈일루, 응향각을 통과했을 때 칠층석탑이 눈에 들어왔다. 부분적으로 파손된 곳이 보였지만, 오히려 세월의 흔적을 고스란히 담고 있는 것 같아 따뜻해 보였다. 그 앞으로 원통보전이다. 관세음보살을 모시고 있는 곳. 균은 그곳으로 들어가 절을 드렸다. 어머니의 건강을 기원하고, 이곳에서 잘 지낼 수 있도록 보살펴 달라고 빌었다. 밖으로 나오니 길 하나가 펼쳐져 있는데 이름이 '꿈이 이루어지는 길'이었다.

균은 그 길을 따라 조용히 걸었다. 바닷바람이 따스하게 불어왔다. 이 길을 걸으면 꿈이 이루어질까? 꿈이 그토록 쉽게 이루어질 수 있는 것이라면 그것을 꿈이라고 말할 수 있을까? 꿈은 자신이 하루하루 걸어가는 그 길의 다른 이름은 아닐까? 이런저런 상념에 잠겨 걷고 있는데 갑자기 눈앞에 파란 하늘과 바다가 펼쳐졌다. 그리고 그 하늘과 바다를 잇기라도 하듯 거대한 관세음보살상이 우뚝 솟아 있었다. 그 유명한 해수관음상이었다. 균은 해수관음상을 보기 위해 앞으로 서서히 다가갔다. 그러다가 해수관음상의 미소와 어머니의 미소가 많이 닮았다는 생각을 했다. 아, 어머니.

균은 돌아와 식사했다. 마침 단체 관광을 왔는지 식당이 떠들썩했다.

밥맛은 깨끗했고, 반찬은 슴슴했다. 배를 가득 채우지는 않았지만 든 든하다는 느낌이 들었다. 이곳에서 여름과 가을을 나야 하리라. 균은 마음을 단단히 먹고 방으로 돌아왔다. 그렇게 벚꽃이 피고 지고 달맞 이꽃과 수련, 연꽃이 피고 질 동안 균은 오전에는 주로 입시 준비를 하고, 오후에는 산책하거나 글을 쓰고, 저녁에는 다시 입시 공부를 하는 규칙적인 생활에 적응해 갔다. 아무도 감시하지 않고, 아무런 시험도 없고, 아무도 잔소리하지 않는 자기만의 공간에서 마치 승려 처럼 스스로 등뼈를 믿고 정진하는 마음으로 지냈다. 속박인 줄 알았 으나 자유였다. 스스로가 원해서 살아가는 삶, 자신이 하고 싶은 일 을 하면서 살아가는 삶, 그것이 자유다.

쉬는 시간에는 주로 보타락을 거쳐 의상대와 홍련암으로 향하 는 길을 택했다. 해가 뜨고 질 무렵의 바다와 하늘은 참으로 장관이 었다. 홍련암은 의상대에서 300미터쯤 떨어진 곳에 있는데 의상대사 가 관세음보살을 직접 뵈었다고 알려진 암자였다. 의상대사가 푸른 새를 쫓아 들어간 석굴에서 7일 동안 기도를 하자, 바다 위에서 붉은 연꽃이 피어오르고 그 위에 관세음보살이 나타났다는 전설이 전해 지는 곳, 그래서 이름도 붉은 연꽃, 홍련암이었다. 균은 그곳에서 의 상대사의 마음을 더듬어 보았다. 부처를 직접 보겠다는 간절한 마 음이 바다에서 붉은 연꽃을 피어오르게 했다니, 이곳에서 간절히 기도하면 내 마음의 바다에도 붉은 연꽃이 피어날 수 있을 것인지 생각했다.

공부가 잘 안 되는 낮 시간을 이용하여 《고깃집 앞에서 입맛을 다시며》의 원고를 정리하거나 일지 스님이 주고 간 불경을 읽으며 보냈다.[30] 불경을 읽으며 균은 불교가 참으로 심오한 종교임을 어렴풋이 느끼게 되었다. 의상대사가 즐겨 읽었다는 《화엄경》을 천천히 읽으며 부처님의 마음을 더듬었고, 또 이를 소설화한 고은의 《화엄경》을 읽으며 자신 역시 소설 속의 선재동자가 되어 마주치는 사람에게서 진리를 갈구했다. 버림받은 선재동자의 삶과 자신의 삶이 얼마나 가깝고도 멀리 있는지 생각했다. 균은 자신이 만났던 사람들을 하나둘 떠올리며, 그들이 있어 지금의 자신이 있음을 느낄 수 있었다.

그나마도 글자가 눈에 들어오지 않을 때면 마당에 나가 개들과 놀았다. 식사 때가 되면 절로 이름 모를 개들이 모여들었는데, 대부분 밥만 얻어먹고 사라졌으나, 유독 한 마리는 아예 자기 집이라도 되는 것처럼 나무 그늘에 누워 지나가는 사람들을 무심하게 바라보았다.

그러던 어느 날 오후였다. 그날도 공부가 잘되지 않아 마당에 나가 한참을 멍하니 앉아 있을 때였다. 누군가 갑자기 말을 걸었다.

"공부하느라 힘드냐?"

깜짝 놀란 균은 주위를 두리번거렸다. 아무도 없었다. 그때 나무 그늘에서 또 말소리가 났다.

"어딜 보니? 여기 나야 나."

자세히 보니 이럴 수가 개가 말을 하고 있지 않은가? 유독 자기 집처럼 편해 보이던 그 개였다. 믿기지 않아 두 눈을 비비고 다시 봐도 그 개 한 마리 말고는 아무도 없었다.

"네가 나한테 말한 거야?"

"그래. 공부하느라 힘드냐고 내가 물었다."

"내가 공부를 너무 했나, 헛것이 보이는 건지 꿈을 꾸는 건진 모르겠지만 개가 말을 한단 말이지?"

개는 고개를 한 번 갸우뚱하더니,

"가끔 너처럼 내 말을 알아듣는 인간이 있다."

"거참 신기하네. 그럼 나만 네 말을 알아듣는다는 거지?"

그때 한 무리의 관광객이 시끌벅적하게 마당에 들어왔다.

"그런데 넌 어떻게 말을 할 줄 아는 거야?"

균이 물었지만, 이번에는 답이 없었다. 혀로 자기 몸을 핥으며 딴 청을 피우듯이 축 늘어진 개를 보면서 균은 다시 말했다.

"사람들이 있으니까 말을 안 하나 봐?"

개가 고개를 끄덕거리는 것처럼 머리를 위아래로 흔들었다. 균은 피식 웃음이 나왔다. 나만 알아듣고 내게 말하는 개라니. 하긴 세상에는 믿기지 않는 일이 넘쳐나는 걸 보면 이런 일이 있을 수도 있겠다는 생각도 들었다. 일단 개에게 이름이라도 하나 지어 줘야겠다 싶어 곰곰이 생각했다. 잠시 후에 무릎을 치며 균은 말했다.

"나무 그늘에 누워 지나가는 사람들을 무심하게 바라보는 거로 보아 네 이름을 무심(無心)이라고 짓는 건 어때?"

역시 사람들이 많아서인지 대답이 없다. 어쨌든 균은 그 개의 이름을 무심이라 제멋대로 짓고, 그 후로 머리가 복잡할 때면 마치 말이 통하는 벗과 이야기를 하듯 대화를 나눴다.[31]

"무심아, 밥은 많이 먹었니?"

"나 밥 많이 먹지 않는다."

"밥을 많이 먹어야 건강하지."

"밥 많이 먹으면 살찐다."

"살찐 게 뭐가 어때서?"

"움직이기 불편하다."

"아 그렇구나. 넌 왜 개가 됐니?"

"넌 왜 사람이 됐니?"

"미안하다."

"미안할 건 없다."

"너, 심심하지 않니?"

"안 심심하다."

"미안."

"자꾸, 미안한 짓 하지 마라. 버릇된다."

"넌 개인 게 좋니?"

"넌 사람인 게 좋냐?"

"좋을 때도 있고 나쁠 때도 있어."

"나도 그렇다."

"언제 좋니?"

"아무 일 하지 않고 밥 먹을 때."

"사람이 그렇게 살면 욕먹는다."

"안됐구나."

"나쁠 때는?"

"사람들이 더럽다고 발길질할 때."

"그래, 너 더럽긴 좀 더럽다."

"발길질하면 물어 버린다."

"난 발길질 안 한다."

"다행이다. 그런데 너 자꾸 왜 나한테 말 시키냐?"

"심심해서."

"난 안 심심한데."

"무심아, 그런데 네가 먼저 말 걸었다."

"그래서, 괜히 걸었다고 후회 중이다."

"미안."

"또 미안이구나."

"아이코, 그랬구나. 정말 미안."

"너 아무래도 한 번 물려야겠다."

"그렇다고 물지는 말아."

"말만 그렇게 했을 뿐 나도 안 문다."

"고맙다."

"미안이라는 말보다 듣기 좋구나. 그 말 자주 써라."

"그래 알았어. 그런데 너 이름이 뭐니?"

"네가 무심이라고 불렀잖아."

"그게 네 이름이니?"

"나 이름 없다."

"그럼 너 무명(無名)이구나."

"아무렇게나 불러라."

"나 너한테 물어볼 게 있어."

"물어봐라."

"무심아, 사람들을 물끄러미 보면서 무슨 생각하니?"

"아무 생각 안 한다. 그냥 보고 있을 뿐이다."

"아무 생각 안 한다고? 내가 보기에 많은 생각을 하는 것 같은데."

"그건 네 생각이다."

"그렇구나."

"그러면 하루하루가 즐겁니?"

"안 즐겁다."

"안 즐거운데 어떻게 사니?"

"배고프면 밥 먹고, 졸리면 자고, 자고 나면 눈 뜨고, 걷고 싶으면 걷고, 뛰고 싶으면 뛴다. 그렇게 산다."

균은 무심이와 이야기하며 배웠다. 대화를 나누다 보면, 무심이는 마치 개의 탈을 쓴 부처님 같다는 생각이 들었다. 불교에서 말하는 해탈이란 모든 근심 걱정에서 벗어난 자유로운 상태라고 하는데, 저 무심이야말로 그 경지가 아닐까?

"나도 하나 물어보자."

"그래, 뭐든지 물어봐."

"너는 왜 이 절에 왔니?"

"응, 공부하러."

"공부해서 뭐 하게."

"대학 가게."

"대학 가서 뭐 하게?"

"공부하게."

"너 지금 공부하고 있다고 했잖아."

"그랬지."

"그럼 지금 공부하는 거와 대학 가서 공부하는 게 다른 거냐?"

"그건……."

균은 갑자기 말문이 막혔다. 공부면 공부지, 지금 공부와 대학 공부가 따로 있는 것은 아니었다. 그런데 나는 왜 대학을 가려고 하지? 꼭 대학을 가야 공부하는 것은 아닌데. 뭔 말이라도 해야 했다. 개한테 말문이 막혀서야 원.

"대학에서 배우는 것은 큰 공부고, 지금 하는 공부는 작은 공부야."

"큰 공부 해서 뭐 하게?"

"큰 공부 해서 세상을 바꿔야지."

"세상이 너한테 무슨 잘못을 했는데?"

"그건……."

또 말문이 막혔다. 개 쪽팔린다.

"그건, 내일 이야기하자. 나 갑자기 할 일이 떠올랐다."

"세상 평계 대지 말고 너나 잘 살아라."

"개 주제에 뭘 안다고 훈계냐?"

"너는 사람 주제에 뭐 아는 게 있냐?"

이런 젠장. 개한테 당하다니. 균은 무심이를 노려보다가 휙 돌아서서 방으로 들어갔다. 방문 소리가 쾅 하고 났다. 무심이는 무심히 문 쪽을 보다가 고개를 앞다리에 내려놓고 눈을 감았다. 오랜만에 인간이랑 얘기하니 피곤해졌다는 듯이.

균은 방으로 들어와 털썩 주저앉았다. 온갖 생각이 머릿속을 휘젓고 다녔다. 세상을 바꾸겠다고, 혁명하겠다고 소설을 쓰고, 방방곡곡을 돌아다녔던 자신의 모습이 초라해 보였다. 소설 한 권 썼다고 세상이 바뀌지 않듯이, 대학을 들어간다고 자신이 바뀌는 것은 아니었다. 삶의 주인공으로 살자고 다짐하고 또 그렇게 살았다고 생각했는데, 무심이와 대화하면서 자기 생각이 얼마나 어설픈 것이었는지 드러나 버리고 말았다. 너나 잘 살라는 무심이의 개소리가 자꾸 가슴을 울렸다. 지금 난 잘 살고 있는가? 자신이 없어졌다. 다시 원점이었다. 바닥을 친 줄 알았는데, 이제 도약만 있다고 생각했는데 교만이었고 망상이었다. 해가 지자 밖은 칠흑처럼 어두워졌다.

[30] 허균은 유교나 도교, 양명학에도 능할 뿐만 아니라 불교에도 정통했다. 허균의 글에는 불
    교와 관련된 글이 다수 보이며, 사명당과 만나 교류하기도 하였다. 1586년에 형 허봉을
    따라 봉은사에 갔을 때 허균과 사명당은 처음 만났다. 또한 1607년 삼척 부사 시절에는
    허균이 '불경을 암송하며 승려의 옷을 입고 불상을 모셔 놓고 절을 한다'는 죄명으로 부임
    한 지 13일 만에 파직된 적도 있었다.

[31] 부록 〈허균의 작품과 사상〉 개와 나눈 이야기, 〈산구게(山狗偈)〉 참조.

6

천하에서
가장 두려운
존재

2014년 4월 16일. 균이 낙산사에 온 지 보름이 되는 날. 전라남도 진도군 조도면 부근 해상에서 여객선 세월호가 침몰하였다. 균은 식당에서 밥을 먹다가 이 소식을 TV를 통해서 알게 되었다. 세월호에는 단원고등학교 2학년 학생 325명, 교사 14명, 일반인 104명, 선원 33명이 탑승했다고 전해졌다. 오전 8시 25분 전남소방본부 119상황실로 전화를 걸어 최초의 신고자인 단원고 학생이 던진 말은 "살려 주세요."였다. 연이은 속보에서 해경과 군대의 구출 작전이 시행되고 있으며 전원 구출되었다는 소식이 전해졌다. TV 영상에는 해경 헬기와 경비정들이 세월호를 향해 다가가는 영상이 반복되고 있었다. 균은 안도의 한숨을 내쉬었다. 다행이었다.

아침 식사를 마치고 방으로 돌아왔다. 전원 구출되었기에 망정이지 하마터면 큰일 날 뻔했다고 생각했다. 균은 사회 교과서와 참고서를 펼쳐 들고 공부를 시작했다. 시간이 한참이나 흘렀다. 슬슬 배고플 때쯤 교과서를 덮고 점심을 먹으러 식당으로 향했다. 그런데 분위기가 심상치 않았다. 식당에 모여든 스님들도 삼삼오오 근심스러운 표정을 짓고 있었다. TV에서는 전원 구출은 오보이며, 지금 구출의 어려움을 겪고 있다는 소식을 전했다. 조류가 거세어 구조 작업이 어렵다는 이야기와 함께 정조 시간[32]에 맞춰 잠수부를 투입해야 한다고 말했다. 균은 커다란 망치로 뒤통수를 세게 얻어맞은 기분이었다. 밥을 먹을 분위기가 아니었다. 밥을 퍼 주시는 보살님들도 아미타불을 연신 읊조리며 넋을 놓고 계셨다.

다음날 구출 소식은 없고 사망자가 발견된 소식만 계속 들어야 했다. 오전에 9명이 발표되고, 오후에는 총 18명의 사망자 소식을 들어야 했다. 18일에는 사망자가 29명으로 늘었으며, 19일에는 33명으로 늘었다. 살아서 나오는 사람은 단 한 명도 없었다. 20일에는 사망자가 28명으로 늘면서 대한민국 정부는 세월호 침몰 사고와 관련, 경기도 안산시와 전남 진도군을 특별 재난 지역으로 선포했다. 세월호가 완전히 바닷속으로 가라앉은 후였다.

균은 간신히 버티고 있었다. 낙산사에서 뛰쳐나간들 자신이 할 수 있는 일은 없었다. 그저 매일 들려오는 추가 사망자 소식과 세월호의 사고 경위나 원인을 따지는 방송을 듣는 것, 유가족들의 눈물과 고함, 구조 작전에 대한 온갖 유언비어와 정부의 무능을 규탄하는 시민의 목소리를 인터넷을 통해서 확인하는 것뿐이었다. 균은 처음으로 근원적인 무력감에 사로잡혔다. 가족이나 지인들과 전화 통화를 해도 모두 세월호 이야기뿐이었다. 대한민국이 슬픔의 바다에 잠기고 있었다.

사고 발생 30일이 되는 5월 15일은 스승의 날이었다. TV에서는 안산 합동분향소를 찾은 생존자들이 사망한 스승의 영정 앞에 카네이션과 편지를 두고 조문하는 모습을 생중계해 주고 있었다. 다음 날 대통령은 세월호 사고 가족 대책 위원회 대표단을 면담하면서 사과의 뜻을 전했다. 그러나 국민의 분노를 해소할 수는 없었다. 시민들은 광화문에 모여 촛불 집회를 열고 진상 규명과 이를 위한 특별법 제정, 책임자 처벌 등을 촉구했다. 연이은 촛불 집회는 가라앉지 않았다. 시민들은 자발적으로 대책 위원회를 구성하여 지역마다 진상 규명과 책임자 처벌을 위한 서명 운동을 펼쳐 나갔다. 사고 발생 48일이 지나서야 진상 규명을 위한 국정조사 특별위원회가 가동되었다.

균은 지금이라도 뛰쳐나가 촛불을 들고 싶었다. 죄 없는 학생과 시민들이 죽어갈 때까지 내버려 둔 무능한 정부를 규탄하고 싶었다. 낙산사에 차려진 조촐한 분향소에 노란 리본을 매다는 것 정도로는 분이 풀리지 않았다.

그때 초희 누나로부터 전화 한 통이 왔다.

"응, 누나."

"······."

"여보세요?"

"균아."

"응 누나 말해."

"봉이 오빠가······."

"봉이 형이 왜?"

"죽었어······."

"갑자기 무슨 소리야? 형이 죽다니?"

"자세한 이야기는 나중에 하고 서울대병원 장례식장으로 와라. 어머니는 이미 와 계셔."

"······."

뚜······.

전화가 끊어졌다. 균은 망연자실해졌다. 이것은 무슨 일이란 말인가? 왜 형이······. 누구보다 자상하고 친절한 형이 무엇 때문에? 균은 서둘러 짐을 정리하고 서울로 향했다. 서울대병원 장례식장에 도착했을 때는 밤늦은 시간이었다. 이복형 허성이 검은 양복에 팔목에는 흰 띠를 두르고 균을 맞이했다. 허성은 균에게 형이라기보다는 아버지뻘이었다. 대기업에 다니는 중년의 형을 보고 어색하게 눈빛을 나눈 후, 영정 사진을 보니 봉이 형이 환하게 웃고 있었다. 형이 죽었다는 사실은 엄연한데 실감이 나지 않았다. 마치 사진 밖으로 걸어 나와 자신을 안아 줄 것만 같았다.

눈물이 흐르기 시작했다. 한 번 흐르는 눈물은 멈춰지질 않았다. 균은 눈물을 흘리며 형의 영정 앞에 절을 하고, 어머니를 찾았다. 어머니는 초희 누나와 함께 유가족이 쉬는 작은 방에 계셨다. 누나와 엄마는 얼마나 울었는지 얼굴이 부어 알아보지도 못할 지경이었다.

분향소에 딸린 식당에는 형이 다니던 공장의 동료들로 가득 차 있었는데 분위기는 침통했다. 그들은 균을 보자, 붉어진 눈으로 손을 잡고 또 눈물을 흘렸다. 이 모든 게 이 썩을 놈의 회사와 정부 때문이라며 이를 갈았다. 도대체 형에게 무슨 일이 벌어졌던 것일까?[33] 아니 그보다 일이 이 지경이 될 동안 균은 왜 형의 상태를 몰랐던 것일까?

술자리에서 동료들에게 전해 들은 바로는 형이 다니던 쌍용자동차는 2009년 회사가 해외로 매각되면서 1,056명이나 되는 직원에게 정리 해고를 단행하였다. 그때 형도 정리 해고되었다고 한다. 균이 중2였을 때 일어난 일이었다. 노동조합은 이러한 부당한 조치에 저항하고자 77일간 공장 점거 농성을 했다고 한다. 그러나 농성은 실패로 끝나고, 해고된 노동자들을 중심으로 투쟁을 계속 이어 갔다. 형은 그 누구보다 앞장서서 싸웠다고 했다. 그러면서도 밤에는 대리운전 등을 하면서 번 돈으로 따스한 밥 한 끼 사 주는 자상한 동료였다고 말했다. 회사를 매입한 인도의 회사는 쌍용자동차의 기술만 빼 가고 회사를 거의 내버려 두다시피 했다. 노동자들의 복직을 약속했던 것도 거짓으로 드러났다. 형은 해고된 동료와 함께 인도에 가서 항의하고, 거리에서 서명도 받았다고 한다. 하도 열심히 싸우느라 건강이 나빠졌는데, 동료들은 그 사실을 알지도 못했다고 한탄하며 눈시울을 붉혔다. 형의 건강은 급속도로 나빠졌다고 한다. 그 사실을 동료들이 알지 못한 것은 형이 자신의 병세를 감추고 잠시 고향으로 돌아가 쉬겠다며 안심시켰다는 것이다. 하지만 형은 집으로 돌아오지 않았다. 그동안 형은 어디에서 무엇을 하다가 이렇게 싸늘한 시신이 되어 우리 앞에 나타난 것일까?

형이 발견된 곳은 설악산 근처에 있는 한 여관이었다. 같이 해고당한 동료에게 쓴 유서 한 장과 가족에게 전해 달라는 편지 한 묶음과 일기장이 있었는데, 유서에는 해고된 동료들과 함께하지 못한 것이 미안하다는 말과 가족에게 편지를 전해 달라는 부탁이 있었다고 한다. 형의 시신을 수습한 것은 같이 싸우던 해고 노동자였다. 유서에 전화번호가 적혀 있었다. 균은 이야기를 전해 들으며 하염없이 울었다. 평생 울 울음을 다 울고 있는 것 같았다.

다음 날 아침, 균은 누나에게서 편지 한 통과 형의 일기장을 받았다. 편지에는 이렇게 쓰여 있었다.

사랑하는 동생, 균아,

너에게 별로 해준 것도 없이 이렇게 나 먼저 가서 미안하다.

나는 항상 너를 믿어 왔고, 지금도 그렇다.

내 비록 이렇게 짧은 인생을 마감하지만 후회하지는 않는다.

너 역시 후회하지 않는 삶을 살기 바란다.

아프지 말고, 당당하게.

친구들과 함께 좋은 세상을 만들며 살아라.

초희와 어머니를 너에게 부탁해도 되겠지?

잘 지내다가 좋은 세상에서 만나자.

　　　　　　　　　　　　너를 가장 사랑하는 형이

균은 붉어진 눈으로 형의 편지를 다시 한번 읽었다. 형의 일기장에는 그동안 형이 살았던 모습과 생각들이 빼곡하게 채워져 있었다. 균은 형의 일기장을 끌어안고 생각했다. 정신을 차려야 한다. 형이 누나와 엄마를 나에게 부탁했다. 강해져야 한다. 균은 이른 아침 식사를 가족과 함께했다. 장례식장에서 가족에게 배려한 죽이 차려져 있었다. 다들 몇 수저 들지 않고 죽을 물렸지만, 균은 끝까지 먹었다. 그리고 검은 양복을 입고 형의 분향소를 지켰다. 둘째 날은 첫날보다 추모객이 많았다. 균은 일일이 그들을 맞이하며 감사함을 표시했다.

* * *

형의 장례식을 모두 마치고, 균은 어머니와 초희 누나 집에서 며칠을
머물렀다. 그리고 어머니를 모시고 집으로 갔다가 다시 낙산사로 돌
아왔다. 집에 있겠다고 한사코 말해도 어머니는 균을 낙산사로 보냈
다. 삼칠제까지만 함께 있자고 했지만, 어머니는 그 날 하루만 오고
공부에 전념하라고 말씀하셨다. 일상으로의 무거운 복귀였다. 어머
니는 자식을 가슴에 묻고 두부 공장으로 출퇴근하시고, 균은 다시 재
수생의 삶으로 돌아왔다. 균은 형의 일기장을 가져와서 힘들 때마다
읽었다.

낙산사로 돌아오니 모두 균의 집안 소식을 들었는지 짧은 격려의 말
한마디씩 해 주고는 균의 일상에 개입하지 않았다. 이럴 때는 무심하
게 놔두는 것이 가장 좋은 방법이라는 것을 알고 있는 듯. 무심이도
균의 상태를 파악했는지 조심스럽게 다가와 꼬리를 흔들었다.

"요 며칠 안 보이더라?"

"형의 장례식장에 다녀왔다."

"그랬구나."

"······."

"지금 뭐 읽고 있는 거야?"

"형의 일기장."

"형의 일기장을 왜 네가?"

"나한테 주라고 유언했대."

"형하고 친했나 보네."

"응, 아주 많이."

무심이와 이야기를 나눌 때는 왠지 마음이 편했다. 마치 고해성사를 하는 신도처럼, 마음속에 있는 말들을 거르지 않고 이야기할 수 있었다.

"왜 돌아가셨어?"

"아파서. 6년 전에 회사에서 해고당하고, 많이 힘들었나 봐. 힘들게 싸우다가 아파져서 여기저기 떠돌다가 집에도 한 번 들르지 않고 죽었어. 참 나쁜 형이야."

참 나쁜 형이야, 라고 말하는 균의 두 뺨 위로 다시 한번 눈물이 흘렀다. 형은 그렇게 힘들게 살았는데, 자신은 6년 동안 그런 형의 상태를 눈치도 못 챘다고 생각하니 화가 나서 견딜 수가 없었다.

'형, 나 참 나쁜 동생이다. 그치?'

"형이 너를 아주 많이 사랑했나 보다."

"나를 사랑했다면 아프면 아프다고 말했어야 하는 거 아냐?"

"아프다고 말하지 못할 만큼 많이 사랑한 거지."

"……."

균도 알고 있었다. 형은 그러고도 남을 사람이다. 남들을 불편하게 하지 않고, 자신의 운명을 스스로 받아들일 줄 아는 사람. 함부로 나서지 않고 자신의 때를 기다릴 줄 아는 사람, 시끄러운 말보다는 조용한 행동을 좋아하는 사람. 항상 따뜻하지만, 마음속에 거대한 불꽃을 감추고 있는 사람. 혁명을 말하는 사람이 아니라 혁명을 살아내는 사람. 형은 그런 사람이었다.

형의 일기장에는 그런 형의 성격이 고스란히 담겨 있었다. 일상은 간결하게 정리했고, 생각은 깊게 파고들었다. 균은 일기장을 읽으며 형의 과거를 그려 보았다.

대리운전으로 4만 원을 벌었다.

대한문에 가서 서명을 받았다. 613명이 서명했다.

하루를 한두 문장으로 정리한 부분에서는 형이 채워 놓지 않은 하루를 더듬었고, 형의 생각이 자세히 드러나는 부분에서는 글 속으로 파고들어 형의 마음을 이해하기 위해 애를 썼다.

"괜찮다면 나한테 한 구절 읽어 줄래?"

무심이가 내 발밑으로 다가와 동그랗게 몸을 구푸려 누우며 말했다. 균은 형의 일기장에서 오늘 읽은 부분을 들려주었다. '천하의 가장 두려운 존재는 오직 국민뿐이다'[34]라는 제목이 달린 글이었다.

권력자들이 가난이나 기아, 질병이나 전쟁보다 무서워해야 할 것은 국민이다. 그런데 왜 권력자들은 국민을 두려워하지 않고 오히려 탄압하고 못살게 구는 것일까?

이유는 국민이 평상시에는 단결하지 않기 때문이다. 대부분의 국민은 자신에게 이익이 되지 않는 것에는 관심을 두지 않고, 자신에게 이로운 것만 선택하고, 눈앞의 일에 얽매여 그냥 위에서 시키는 대로 살 뿐이다. 이러한 국민을 변하지 않는다고 하여 항민(恒民)이라 말할 수 있다. 이들은 절대로 권력자들이 두려워하지 않는다. 한편 집을 잃고, 직장에서 쫓겨나며, 힘들게 노동을 해도 벌이는 시원치 않아 사는 것이 항상 어려워져서 사회를 비판하고, 권력자들을 원망하는 국민이 있다. 이러한 국민을 원민(怨民)이라고 한다. 하지만 권력자들은 원민도 별로 두려워하지 않는다. 정작 무서운 것은 각성한 국민이다. 이들은 사회 구조의 모순을 살피고, 착취의 본질을 파악하면서 큰 뜻을 품고 있다가, 적절한 기회가 오면 이 사회를 바꾸려고 하는 국민이다. 이들은 과거의 영웅호걸과 같으니 호민(豪民)이라고 말할 수 있으리라. 이 호민이야말로 권력자가 가장 두려워해야 할 자이다. 이들이야말로 혁명가라 할 수 있다. (······)

"참 좋은 글이다."

"그래?"

"응, 형은 아마도 혁명가가 되고 싶었나 보구나."

"그랬어. 어렸을 때부터 나에게 혁명가에 관해서 이야기를 해 주었지."

"쉽지 않은 길을 갔구나."

"너도 혁명을 알아?"

"조금은."

"아니 네가 어떻게?"

균의 질문에 무심이는 고개를 들어 살짝 올려다본 후, 다시 고개를 발밑에 떨구고 혼잣말을 하듯 읊조리기 시작했다.

"오랜 세월을 윤회하며, 수많은 혁명을 경험했지. 견훤과 궁예, 전봉준과 전태일, 다양한 생각을 하는 많은 혁명가가 기억나는구나. 비록 모두가 지금은 한 줌의 재로 변해 버렸지만, 그들의 생각은 우리 몸속에 유전자처럼 남아 있어. 우리는 알지 못하지만 우리는 혁명가의 자손들이야."

균은 놀란 표정으로 무심이를 내려다봤다. 무심이는 다시 한번 균을 슬쩍 올려다보았다.

"지난번에는 세상에 핑계 대지 말고 나나 잘 살라며?"

"그랬지."

"그런데 왜 지금은."

"선무당이 사람 잡는다는 말 아나?"

"……."

"혁명을 외친다고 혁명이 되는 거라면 이 세상은 진즉에 좋은 세상이 되었을 거야. 진짜 혁명가는 혁명을 외치기 전에 자신을 혁명하지. 내가 보기에 넌 아직 멀었어. 혁명가는 세상을 바꾸기 전에, 자신을 바꾸고, 자신의 주변을 바꾸고, 그렇게 동심원을 그리듯 성장하는 거야."

균의 가슴속으로 무심이의 말이 맥놀이 치듯 몰려 들어왔다. 멀리서 범종이 울렸다.

"나 자신을 바꾼다고?"

"그렇다고 볼 수 있지."

"어떻게?"

"참 어려운 질문을 참 쉽게도 개한테 물어보는구나. 너 혹시 디오게네스[35]라는 철학자를 아나?"

"윤리 시간에 들어 본 기억은 있는데. 견유주의 철학자 디오게네스를 말하는 거야?"

"알긴 아는가 보군. 그럼 견유주의가 뭔지도 알겠네."

"거기까진……."

"견유주의의 '견'자가 개라는 뜻인 건 아니?"

"그랬나? 그냥 말해 주면 안 돼?"

"네 처지가 불쌍해서 이번에만 말해 주지. 디오게네스는 개들이나 사는 통 속에 살면서도 신과 같은 경지의 삶을 탐구했던 철학자야. 대낮에도 등불을 들고 다니며 사람을 찾고 있다고 냉소적으로 세상을 바라봐서 냉소주의자로도 알려졌지. 이 철학자가 알렉산더 대왕과 만난 에피소드는 한 번쯤 들어 봤을 거야. 알렉산더 대왕이 찾아왔는데도 거들떠보지도 않고, 소원을 말해 보라는 요청에 당신이 태양을 가리니까 비키라고 말하는 용기를 보여 주었지."

"그 이야기는 나도 알고 있어."

"그럼 왜 디오게네스가 알렉산더 대왕에게 태양을 가리지 말고 비키라고 말했을까?"

"글쎄. 간이 배 바깥으로 나와 있었나?"

"농담하지 말고. 너 지금 생각이나 하고 이야기하는 거야?"

"미안, 미안. 잘 모르겠어."

"모른다고 말한 건 잘한 거야. 무지를 고백하는 것도 용기니까. 거기서부터 앎은 시작되지. 이 이야기를 하려고 했던 건 아니고. 디오게네스가 알렉산더에게 비키라고 말했던 이유는, 알렉산더가 디오게네스에게 해 줄 수 있는 것이 아무것도 없기 때문이야."

"뭐라고? 해 줄 수 있는 게 아무것도 없다고? 말도 안 돼. 알렉산더라면 디오게네스에게 명예나 지위, 돈을 줄 수 있었을 텐데."

천하에서
가장 두려운
존재

6

"맞아. 그건 알렉산더가 줄 수 있는 것들이지. 하지만 디오게네스는 그런 것 중 어떤 것도 원하지 않았어. 아니 오히려 그런 것들이 삶에는 불필요하다고 여겼지. 그러니까 알렉산더는 디오게네스에게 줄 수 있는 것이 아무것도 없었어. 원하지 않는 것을 줄 수는 없으니까."

"그래. 그건 그렇다 치고 그 이야기와 나를 바꾸는 것이 무슨 관계가 있다는 거야?"

"끝까지 무지를 고백하는군. 진짜 혁명가는 자신을 위해서는 아무것도 바라지 않는 사람이라는 말이야. 아무것도 바라지 않기 때문에 아무런 두려움도 없지. 아무런 두려움이 없는 경지에 도달해야 해. 그래야 알렉산더 같은 엄청난 권력 앞에서도 당당할 수 있는 거야."

"놀라운 경지군."

"그렇지. 개 같은 경지지."

"개 같은 경지?"

"그래. 그래서 디오게네스를 견유주의자, 즉 개 철학자라고 하는 거야."

"너 지금 농담하는 거지?"

"아니 진담."

균은 형의 삶을 회상해 보았다. 형은 정말 자신을 위해서는 아무것도 바라지 않는 사람처럼 살았다. 권력이나 명예, 부나 지위 따위를 추구하지 않았다. 그러면서도 권력 앞에서 항상 당당했다. 무심이의 이야기는 농담이 아니었다. 형은 항상 그러한 삶을 살았다. 균은 갑자기 소름이 돋았다. 형만이 아니었다. 지금 광화문에서 서명을 받는 사람들, 거리에서 촛불을 들고 있는 사람들이 떠올랐다. 그들이 원하는 것은 권력이나 명예, 부 따위가 아니었다. 학생들이 편안하게 살 수 있는 사회, 노동자가 마음 놓고 일할 수 있는 사회, 모든 사람이 차별받지 않고 자유롭고 평등하게 살 수 있는 사회를 만드는 것을 원했다. 그래서 그들은 아무런 대가도 없이 거리로 나온 것이었다. 우리 사회는 이렇게 수많은 이름 없는 혁명가들에 의해 굴러가고 있었다. 권력 앞에서도 당당한 자, 각성한 국민이 바로 혁명가였다.

[32] 정조 시간은 바닷물이 밀물에서 썰물로, 썰물에서 밀물로 바뀌는 시간으로 이때 바닷물의
흐름이 일시적으로 멈추게 된다.

[33] 역사적으로 허봉은 1572년(허균의 나이 4세) 문과에 급제하고, 1583년에 창원 부사를 역
임한다. 이때 이이를 탄핵하다가 오히려 경성으로 유배된다. 1585년 유배에서 풀려난 허
봉은 유랑 생활을 시작한다. 그러다가 1585년 9월에 금강산에서 객사한다. 그때 허균의
나이 20세였다.
소설에서는 허봉을 쌍용자동차 해고 노동자로 그렸다. 쌍용자동차 사태는 우리나라 노동
자들의 역사에서 중요한 사건이다. 2009년 6월 8일 쌍용자동차는 1차 정리 해고자 명단
에 오른 1,056명에게 정리 해고를 단행한다. 노동조합은 정리 해고에 반대하는 77일간의
공장 점거 투쟁을 벌였다. 노동조합의 점거 투쟁은 정부의 탄압과 회사의 무성의로 좌절
되었고, 이후 해고 노동자들을 중심으로 계속 투쟁을 이어 간다. 거리에서 해외에서 거대
한 공장 굴뚝에 올라가서 해고의 부당성을 알리는 싸움을 지금도 이어 가고 있다.
쌍용자동차 사태는 단순히 회사 매각에 따른 노동자들의 대량 해고 사태만이 아니라, 해
고되는 과정에서 대기업들이 저지르는 행태와 정부의 친 기업적 대응이 노동자들의 삶과
정신을 얼마나 피폐하게 만드는지를 여실히 보여 주고 있다. 노동자들은 해고 후 23명 이
상이 자살 등의 이유로 죽었고, 복직된 이후에도 다른 일반 노동자에 비해 우울과 불안 장
애, 불면증과 수면 장애, 두통과 전신 피로 등을 호소했으며, 그 정도가 일반 자동차 노동
자보다도 많게는 47배 많은 것으로 조사되었다. (2015년 고려대 보건과학대학 김승섭 교
수 연구팀)

[34] 부록 〈허균의 작품과 사상〉 〈호민론〉 참조

[35] 고대 그리스의 철학자(B.C. 412?~B.C. 323?)이다. 그는 소크라테스의 제자인 안티스테
네스의 제자로 키니코스학파의 대표적 인물이다. 시노페에서 출생하였지만 세계시민임을
자처했고, 세상 모든 곳이 자신의 국가라고 생각하며 살았다. 그가 속해 있었던 키니코스
학파의 어원상 유래는 고대 그리스어인 '키노스(Κύνος)'인데, 그 의미는 '개(dog)'이다. 실
제로 디오게네스는 당시에 개집으로 쓰였던 통 속에서 거주했던 것으로 알려져 있다. 그
는 문명을 반대하고, 자연적인 생활을 실천한 철학자로 유명하다. 그들이 외쳤던 실생활
표어는 금욕(禁慾), 무치(無恥), 자족(自足)이었다.

7

괴물의
탄생

세상은 변하지 않았다. 세월호는 인양되지 않았고 사망자 수만 늘어났다. 형이 죽은 후에도 쌍용자동차 해고 노동자들의 삶은 비참했다. 광화문 거리는 수많은 농성 텐트들로 덮였고, 지역마다 노란 리본이 매달렸다. 프란치스코 교황이 8월에 한국을 방문했다. 세월호 유가족과의 극적인 만남이 TV를 통해 생중계되었다. 그러나 그뿐이었다. 철옹성 같은 암흑의 장벽은 무너지지 않았고, 삶의 눈물들은 그치지 않았다.

낙산사의 시간은 더디 흘러갔다. 마치 두 개의 시간이 존재하는 양 균은 자신의 내면으로 침잠해 들어갔다. 가슴속에는 거센 불꽃이 타올랐으나, 그 불꽃으로 자신을 녹여 다시 담금질했다. 그렇게 균은 단단해져 갔다. 균은 마치 승려처럼 자신의 시간을 철저하게 관리했다. 아침에는 일지 스님의 지도로 명상을 했다. 온갖 잡념에 시달렸으나, 일지 스님은 잡념을 없애려고 노력하지 말고 관찰하라고 말했다. 사로잡히지 말고 응시하기. 머물면 머무는 대로, 흘러가면 흘러

가는 대로 그대로 두기. 그렇게 오고 가는 생각들을 바라보며 자신을 비워 나갔다. 편하게 앉아서 깊이 호흡하는 것만으로도 자신을 변화시킬 수 있다는 명상법은 균의 성마른 성격을 다스리는 데 큰 도움이 되었다.

명상을 마친 후 균은 무심이와 가볍게 산책을 했다. 아침 산책은 잠자고 있던 균의 세포들을 깨우는 시간이었다. 무심이와 나누는 대화도 이제는 편안해졌다. 어떤 날은 아무런 대화도 없이 같이 걷는 것만으로도 충분했다. 말은 의사소통 수단 중 하나에 불과했다. 그저 쳐다보기, 함께 걷기, 멈춰서 같이 하늘을 바라보기, 꽃들의 변화를 관찰하기, 살결로 바람을 느끼기. 균은 그렇게 무심이와 같은 공간, 같은 시간 속에서 말없이 하나가 되는 일체감을 맛보았다.

아침 식사 시간에는 감사한 마음으로 음식을 마주했다. 이 모든 생명이 나에게로 들어와 나와 하나가 된다고 생각하며 천천히 음식을 음미했다. 될 수 있으면 천천히 꼭꼭 씹어서 삼켰다. 국물 한 방울, 나물 한 줄기, 밥 한 톨에도 우주가 담겨 있었다. 삶의 속도를 줄이니 우주가 성큼 다가왔다.

공부할 때에는 항상 물었다. 당연하다고 생각했던 모든 것들이 의문의 대상이 되었다. 나는 누구인가? 민주주의란 무엇인가? 국가는 무엇인가? 자유는, 헌법은, 정의는? 물음의 답은 금세 얻어지는 것이 아니었고, 물음은 또 다른 물음을 낳았다. 균은 진도 따위는 염

7 괴물의 탄생

두에 두지 않았다. 깨닫지 못한 진도는 아무짝에도 소용이 없음을 깨달았다. 남을 위해서 하는 공부가 아니었다. 자신을 위해서 하는 공부였다. 자신이 자신을 속이는 일은 하지 말아야 했다. 그런데 그 수많은 나날을 왜 나는 질문도 없이 고개를 끄덕였던가, 균은 자신의 과거를 되돌아보며 반성했다.

점심을 간단히 먹은 후에는 과거에 썼던 글을 다시 읽거나 고쳤다. 형의 일기장을 경전 읽듯이 천천히 읽어 나갔다.

"입속에는 말이 적게,

마음속에는 일이 적게,

밥통 속에는 밥이 적게,

밤이면 잠을 적게,

이대로 네 가지만 적게 하면 신선도 될 수 있다."[36]

인용 부호가 있는 것으로 보아 형이 어느 책을 읽다가 옮겨 놓은 듯한데, 병이 들어 전국을 떠돌며 지냈던 형의 신산한 삶이 느껴져서 가슴에 통증이 왔다. 형이 이렇게 삶의 고통을 다스렸다고 생각하니 남의 글 같지 않았다. 이런 글도 있었다.

"때를 알라, 어려움을 알라, 운명을 알라, 물러갈 줄 알라. 만족

할 줄 알라."

짧은 경구처럼 정리해 놓은 글에서는 마치 형이 자신에게 이야기해 주는 것 같은 다정함이 느껴졌다. 형은 이 세상 사람이 아니지만 이 렇게 글이나마 남아서 자신과 함께 있는 것이 참 다행이라고 균은 생 각했다.

오후의 독서와 글쓰기 시간은 가장 한적하면서도 치열한 시간이 었다. 생각의 구심력과 원심력이 동시에 작동되는 시간이라고나 할 까. 독서의 상상력은 경계가 없어 우주로까지 확산되었다가도, 글을 쓸 때는 중심을 굳게 잡아 생각들을 모아 나갔다. 때로는 읽던 책에 서 기억해야 할 구절을 필사하기도 하고, 필사한 내용에 대한 생각을 간단히 메모해 두기도 했다. 그렇게 독서 노트들이 차곡차곡 쌓여 5 권이 넘어가고 있을 때, 무더운 여름은 지나갔다.

균은 서울대 수시에 지원하기로 했다. 면접과 구술시험을 통과해야 했다. 작년만 하더라도 균은 수능뿐만 아니라 면접과 구술시험도 한 번은 통과해야 할 관문과 같은 것으로 생각했다. 문턱이 높고 빗장이 굳게 잠겨 있어 아무나 들어갈 수 없는 견고한 관문. 하지만 지금은 문이라고 생각하지 않기로 했다. 그냥 길이라고 생각하기로 했다. 문 은 애당초 없었는지 모른다. 두려움이 그 문을 만들어 내었을 뿐. 한

번은 이러한 생각을 무심이에게 이야기한 적이 있었다.

"대학이라는 문은 아예 없었는지 몰라."

"무슨 말?"

"난 여태 대학을 들어가려면 문을 통과해야 한다고 생각했거든."

"그런데?"

"큰 배움은 추구하면 그뿐, 장소가 아니었던 것 같아."

"그건 뭔 말?"

"학교가 없어도 배움은 있는 거니까."

"절이 없어도 깨달음은 있듯이?"

"그렇지. 그 비유 좋다. 교회가 없어도 구원은 있듯이."

"좋은 거 깨달았네. 그런데 왜 굳이 대학을 들어가려고 하나?"

"그냥 그 길로 지나가 보려고. 학교를 보고 가는 것이 아니라 큰
배움을 얻으려고."

"차라리 스승을 찾는다고 하지."

"그래. 그 말도 좋네. 스승을 찾고 친구를 만나려고."

"찾으면 뭐 하게?"

"스승에게 배운 후에 친구들과 함께 넘어가야지. 스승은 넘어가
라고 있는 언덕과 같은 거니까."

"스승을 밟고 가시겠다?"

"그러면 안 되나?"

"안 될 건 없지. 하지만 쉽지는 않을 텐데."

"세상에 쉬운 일은 없는 거 아닐까? 길을 따라 걷는 것도 대지와 마찰을 일으키는 거니까."

"드디어 《무문관(無門關)》[37]의 경지에 도달한 걸까?"

"뭐라고? 무문관? 그건 뭐야?"

"있어 그런 게. 불교의 경전이지."

"그런 경전도 있어?"

"불교의 경전을 팔만대장경이라고 하지. 팔만 개 중에 그런 것 하나 없을까 봐? 깨닫기만 하고 안 쓴 경전까지 합치면 우주에 차고 넘치는 게 불교 경전이야."

"넌 모르는 게 없구나."

"모르는 거 빼고는 다 알지."

"그런데 내가 《무문관》의 경지에 도달했다는 말은 무슨 뜻이야?"

"《무문관》에 이런 시가 있거든. '큰길에는 문이 없고 길은 또한 어디에나 있다. 이 이치를 깨닫는다면 온 천하를 당당히 걸으리라.'[38]"

"우와, 멋있는데. 일지 스님에게 《무문관》이 있을까?"

"있을걸."

역시 있었다. 균은 일지 스님에게 책을 빌렸다. 그 책에 나오는 48개의 공안을 하루에 하나씩 무심이와 산책하며 나누었다. 개와 나누는 대화가 빡빡한 일정 중에 달콤한 휴식과 같은 시간이 될 줄이야. 무심이와 이야기를 나누고 있는 동안에는 균도 어린아이처럼 순진무구한 상태가 되었다.

"나 지금 《무문관》 읽고 있어. 그래서 하루에 하나씩 너와 이야기를 해 보려고."

"너 그러다가 대학생이 아니고 중이 되겠다."

"배움만 있다면 무엇이든 될 테야."

"배워서 뭐 하게?"

"배워서 남 주게."

"내 몫도 있냐?"

"원하면 얼마든지. 배움은 늘어 갈 뿐 줄어들지 않으니까."

"말은 잘한다. 그래, 뭔 이야기를 하자고?"

"《무문관》에 제일 처음 나오는 이야기."

"난 그 이야기 안 좋아하는데."

"그래서 오히려 네 의견을 물어보려고."

"……."

"1칙에 보면 조주 스님에게 한 스님이 개로 태어나도 부처님의 성품이 있냐고 묻잖아. 그런데 조주 스님은 있다고 말했다가 다른 스님이 똑같은 질문을 하니까 없다고 말하거든. 왜 그랬을까?"

"그야 조주 그 늙은이가 정신이 오락가락하니까 그런 거지. 다른 거 이야기하자."

"에이, 그러지 말고. 응?"

"너는 어떻게 생각하는데?"

"난 너를 보면 마치 부처님을 보는 것 같아. 나보다 훨씬 오래 살고, 훨씬 많이 알잖아."

"그러면 개에게도 부처님의 성품이 있는 거네. 이상 끝."

"그런데 왜 조주 스님은 다른 스님에게는 없다고 말했을까?"

"그게 궁금해?"

"응."

"개한테 부처님의 성품이 있든 없든, 그게 너하고 무슨 상관이 있는데."

"상관은 없지만."

"상관없는 일에 왜 신경을 써. 너나 잘하면 됐지."

"그런 거야?"

"그런 거야. 아마도 나중에 물었던 중놈은 자신에 대해서는 안 살피고, 개한테 불성이 있느냐 없느냐 같은 쓸데없는 물음으로 허송세월하는 놈일 거야. 조주 스님은 그걸 알아챈 거고."

"그러니까, 조주 스님이 개에게 불성이 없다고 한 말은?"

"너나 잘하라는 이야기야."

균은 그제야 왜 무심이가 말끝마다 "너나 잘하세요."라고 했는지 어렴풋이 이해할 수 있었다. 공부는 자기반성으로 귀결되어야 함을, 세상의 주인공은 스승도 개도 아닌 바로 나임을 깨우쳐 주려 했던 것이다. 무심이가 바로 균의 스승이었던 셈이다. 균은 그렇게 무심이와 사제지간이 되었다. 세상 도처에 스승은 넘쳐났다. 그중에 개 한 마리쯤 스승으로 두는 것도 이상하지 않으리라.

* * *

균이 낙산사에 온 지 7개월이 지났다. 균의 육체는 단단해지고 정신은 투철해졌다. 10월 마지막 날, 단풍이 붉게 물들고 낙엽이 흩날리는 늦가을 균은 일지 스님에게 인사를 했다. 이제 집으로 돌아갈 시간이 되었다. 아침 명상을 마치고 무심이와 마지막 산책을 나섰다. 무심이도 균과 마지막으로 산책하는 것인 줄 아는 양, 느리게 천천히 발걸음을 옮겼다.

"무심아, 그동안 고마웠어."
"집에 가냐?"
"응."
"준비는 됐고?"

"그럭저럭."

"마지막으로 시험 문제 하나 내줄까?"

"아니, 됐어."

"왜?"

"시험은 학생 때나 보는 거야. 졸업생에게는 시험이 필요 없어."

"문을 통과한 사람에게 문이 필요 없듯이?"

"응, 강을 건넌 사람에게 나룻배가 필요 없듯이."

"정말 준비가 다 됐구나."

"너와 함께해서 좋았어."

"나도. 오늘이 지나면 조금은 쓸쓸해지겠군."

"또 나 같은 놈 만나면 되지."

"너같이 괴물 같은 놈은 쉽게 만나지지 않아."

"내가 괴물인가?"

"자유인은 누구나 괴물이야."

"그럼 괴물이란 말은 칭찬이네?"

"그런 셈이지."

"고마워."

"마지막으로 삶의 비결을 하나 알려 줄까?"

"뭔데."

"반가운 놈 만나면 꼬리를 흔들고, 나쁜 놈을 만나면 물어 버려."

"그게 개 철학인가?"

"그래 무심 철학이다."

"알았어. 그렇게 할게."

균은 집으로 돌아왔다. 어머니는 어제 나갔던 아이가 돌아온 것처럼 한결같은 자세로 균을 맞이했다. 하지만 어머니도 균이 낙산사로 들어갈 때와는 전혀 다른 아들로 돌아온 것을 금세 눈치챌 수 있었다. 과거에는 아들에게서 휘몰아치는 거센 바람을 느꼈다면, 돌아온 아들은 비바람에도 흔들림 없는 바위와 같은 존재가 된 것처럼 느껴졌다. 11월 14일에 1차 합격자 발표가 있었다. 균은 무사히 합격했다. 일주일 후에 면접과 구술시험이 잡혔다. 균은 3일 전에 초희 누나 집으로 갔다. 오랜만의 만남이었다. 초희는 균을 위해 불고기를 준비하고 저녁 식사를 오붓하게 같이했다. 다정한 식탁이었다.

"잘 지냈나 보네. 얼굴이 밝은데?"

"어머님의 불공과 부처님의 은덕, 무심 거사의 보살핌으로 잘 지냈소이다."

"절에서 머무시더니 고전체를 쓰시는군요. 다른 분은 알겠는데, 무심 거사는 뉘신지?"

"제가 모시던 개올시다."

"하하. 넌 개도 모시냐?"

"누나는 못 믿겠지만, 낙산사에서 무심이가 아니었으면 참 힘들었을 거야. 나랑 같이 지내던 개인데, 도력이 장난이 아니셔."

"그러셔?"

"또 얼마나 똑똑한지 몰라."

"박사학위 따셨나 보지."

"그건 모르겠고. 개 철학자인 것만은 분명해."

"애가 따뜻한 밥 먹고 쉰 소리를 다 하네."

"그건 그렇고, 누나는 잘 지냈어?"

"세월이 하도 뒤숭숭해서 출판사에서 한나절, 거리에서 한나절 지냈어."

"거리에는 왜? 책 팔라고?"

"애는, 책이야 책방에서 파는 거고. 세월호 서명받는 거 자원봉사 했어."

"누나가?"

"온 나라가 사건 사고 현장인지라, 사람들이 다 거리로 나오는 바람에 책이 안 팔려서. 우리도 쉬엄쉬엄 책 만들면서 거리의 투사가 되었지."

"경천동지할 일이네. 누나같이 내향적인 사람이 거리로 나서다니."

"그러게. 나도 놀랐어. 하니까 되더라고. 처음에는 두려웠는데, 이제는 아무렇지도 않아."

그랬다. 그냥 직장이나 다니고 집안일이나 하던 사람들이 거리로 나섰다. 더위나 추위 따위는 문제도 되지 않았다. 다들 절망 속에 있으나 희망의 밧줄을 놓지 않고 있었다. 터널이 아무리 길어도 입구가 있으면 반드시 출구가 있으리라는 믿음이 있었다. 길이 어두우면 촛불이라도 밝히면 된다는 의지가 있었다. 그렇게 겨울을 맞이하고 있었다.

"시험 준비는 끝났어?"
"시험 준비라기보다는 인생 준비가 끝난 셈이지."
"인생 준비?"
"응, 어떠한 상황이 와도 물러서지 않고 마주칠 준비를 했어."
"멋진걸. 우리 동생."
"누구 동생이라고."
"그렇지. 바로 내 동생이지."

초희는 균의 얼굴을 쥐고 양쪽 뺨에 뽀뽀를 했다. 균은 징그럽다면서도 거부하지 않았다. 얼굴을 붉히며 환하게 웃었다. 누나 집에서 이

틀을 묶고 면접시험을 보러 가던 날. 초희는 균을 문밖까지 배웅하며 응원해 주었다. 면접 고사장은 사뭇 진지했다. 균은 구술시험 문제지를 받았다.

구술시험 문제는 시대적 상황을 고려하는 듯, 시대 비판적인 관점에 대해서 견해를 묻고 있었다. 허균이 받아든 문제는 미국적 낙관주의의 바탕을 이루는 '긍정적 사고'의 문제점을 지적하고 이와는 달리 '부정적 사고'가 갖는 긍정성을 제시한 다음에 이와 어울리는 사람을 예로 들어 설명하고, 이러한 '부정적 사고'가 갖는 문제점을 지적하는 것이었다.

허균은 문제지를 받아 들고 제시문을 읽자마자 온갖 혁명가들이 떠올랐다. 그리고 혁명에 대해 읽었던 형의 글과 무심이와 나눴던 온갖 이야기도 떠올랐다. 체제 순응적이지 않았기에 혁명을 택했던 이들, 그리고 이들의 시도와 실패, 이 문제는 낙산사 생활 내내 떠나지 않았던 화두였다. 허균은 빠르게 자신이 이야기할 내용을 정리해 나갔다. 그리고 면접관들에게 자신의 이야기를 하기 시작했다.

면접을 마치고 광화문을 찾았다. 그곳에서는 오늘도 초희 누나가 세월호 진상 규명을 위한 서명을 받고 있었다. 해고당한 쌍용자동차 노동자들이 모여서 서명을 받는 곳도 바로 광화문이었다. 추운 날씨인데도 광화문 농성장은 열기를 띠고 있었다. 초희 누나는 작은 팻말을 들고 신호등 앞에서 시민들에게 서명을 독려하고 있었다.

"누나."

"동생! 시험 잘 봤어?"

"응."

"대답이 시원시원한 걸 보니 잘 봤나 보네."

"저녁은 아직 안 했지?"

"응. 그래 나랑 같이 외식하자. 내가 근사한 곳을 몇 군데 알아
놨지."

초희는 팻말을 농성장에 갖다 놓고, 균과 함께 쌍용자동차 해고 노동
자들의 농성장을 찾았다. 형 장례식장에서 보았던 얼굴들이 많이 보
였다.

"동생 왔어?"

해고 노동자들은 너나 할 것 없이 균을 동생이라고 불렀다. 동료
의 동생은 자신들의 동생이라며 살갑게 굴었다. 찬바람에 얼굴이 얼
었는데도 웃음기를 놓지 않았다. 균은 그들에게 웃는 얼굴로 인사를
나눴다.

"오늘 시험 봤다며. 초희 씨가 동생 자랑이 이만저만이 아니던
데. 얼굴을 보니 잘 봤나 보네. 우리랑 같이 고기 먹으러 가자. 오늘은

형들이 쏜다."

"아이, 오늘은 저에게 양보하셔야죠. 제가 맛있는 돼지 갈비집을 알아 놨으니 그곳으로 가시죠."

초희 누나는 어느새 그들과 친해졌는지 격의 없이 이야기를 섞었다. 그 모습을 바라보는 균은 그들의 관계가 아름답다는 생각을 했다. 피로 맺은 형제자매는 아닐지라도, 삶의 동질성으로 맺어진 관계는 눈부시게 아름다웠다. 균은 씩 웃으며 대열에 따라붙었다.

* * *

한 해고 노동자가 불판의 고기를 뒤집으며 균에게 물었다.

"균이 동생은 대학 가서 뭘 할 거야."

균은 무심과 한 말을 전했다.

"스승을 만나고 친구를 사귈 겁니다."

주변의 동료들이 웃어 주었다.

"그러고 나서는?"

다른 해고 노동자가 장난기 섞인 말투로 물었다.

균은 소주를 한 잔 들이켜며 말했다.

"혁명할 겁니다."

혁명이란 소리에 다들 눈을 크게 뜨고 균을 쳐다보았다. 어느새 웃음기가 사라지고 없었다. 그 말의 무게를 아는 사람들의 눈빛으로 변해 있었다. 한 노동자가 균의 빈 잔에 소주를 채워 주었다.

"저는 형이 걸어왔던 길을 제 방식대로 이어 갈 겁니다. 여기 계신 형님들이 원하는 세상을 제가 있는 곳에서 이뤄 낼 겁니다."

분위기를 바꾼 것은 초희 누나였다.

"어머, 얘가 술 몇 잔에 벌써 취했나 보네. 자 우리 혁명가 동생을 위해서 모두 잔을 높이 들고 건배하시죠. 일단 합격부터 하고 나서 혁명하자, 동생아?"

일순 가라앉았던 분위기가 화기애애하게 변했다.

다들 잔을 들고 외쳤다.

"일단 합격부터 하고 나서 혁명하자. 동생아!"

균도 장단을 맞췄다.

"옛 썰!"

다음 날 아침 무거운 머리를 가누며 균은 누나 집에서 깨어났다. 만취한 것을 형들이 집까지 챙겨서 데려다줬다고 한다. 균은 머리가 아팠지만, 기분이 나쁘지만은 않았다. 갑자기 여러 형이 생긴 기분이었다. 봉이 형도 이런 자신을 자랑스럽게 여길 거라는 생각이 들었다. 누나네 집에 며칠 더 있고 싶었으나 어머니가 기다리고 있었다.

집으로 돌아오고 나서 균은 한가한 나날을 보냈다. 아침 명상과 산책은 계속 이어 갔다. 절간이 아니더라도 자신을 수양하는 데 큰 도움이 되었다. 친구들도 만나고, 책도 읽고, 독서 노트의 페이지도 늘려 갔다. 12월 3일 첫눈이 내렸다. 그리고 최종 합격자 발표가 있는 날인 12월 6일에 균은 컴퓨터 모니터를 켜고 입학처의 홈페이지를 열었다. 합격이었다.

균은 합격 통지서를 인쇄하여 어머니에게 보여 드렸다. 어머니는 합격 통지서를 받아 들고 말없이 우셨다. 균은 어머니를 따뜻하게 안아 드렸다. 초희 누나에게 합격 소식을 알렸다. 누나는 뛸 듯이 기뻐했다. 균은 합격 통지서를 들고 아버지와 형의 무덤을 찾았다. 무덤 앞에 소주잔을 올렸다. 그리고 무덤가에 앉아 합격 통지서를 접어 종이비행기를 만들었다. 균은 그 종이비행기를 하늘로 향해 날렸다. 차가운 바람에 실려 종이비행기는 멀리 날아갔다.

[36] 부록 〈허균의 작품과 사상〉 〈한정록〉 참조. 이 소설에서는 균의 형인 허봉이 쓴 일기장의 글로 표현했다.

[37] 《무문관(無門關)》은 송나라 때(1228년경) 선승인 무문혜개(無門慧開)가 쓴 선불교 공안집이다. '무(無)'라는 불교의 화두를 중심으로 48개의 공안을 소개하고 해설하였다. 무문은 말한다. "참선이란, 먼저 고승들이 세워 놓은 관문을 통과해야 한다. 지극히 묘한 깨달음은 마음의 작용을 끝까지 밝혀 보통의 의식을 지워 버려야 가능하다. 고승들의 관문을 통과하지 않고 마음의 움직임을 끊지 못한다면, 그것은 모두 짚으로 만든 허수아비와 같다. 자, 말해 보아라. 고승들의 관문이란 과연 무엇인지. 그것은 별다른 것이 아니다. 본칙에 나오는 조주의 '무(無)' 한 글자가 선종 제일의 관문이다. 그래서 이것을 '선종무문관'이라 한다."

[38] 大道無門(대도무문) / 千差有路(천차유로) / 透得此關(투득차관) / 乾坤獨步(건곤독보)

8

활빈당,
혁명을
실험하다

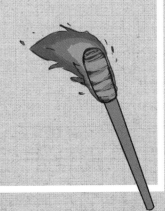

2014년 겨울은 추웠다. 쌍용자동차 해고 노동자 박 아무개 씨가 26번째로 숨지자 해고 노동자 이창근 씨와 김정욱 씨가 쌍용자동차 평택 공장에 있는 70m 굴뚝에 올라 고공 농성을 시작했다. 목숨을 건 농성이었다. 70m 상공은 지상의 모든 것을 무력화시켰다. 지상도 지옥이었지만, 고공은 더한 지옥이었다. 두 지옥에서 쌍용자동차 해고 노동자들은 그렇게 버티고 있었다.

2015년 3월 2일 1학기가 시작되었다. 균은 서울국립대학교의 ㅅ, ㄱ, ㄷ의 약자를 합쳐 만들었다는 정문에 발을 내디뎠다. 아직은 쌀쌀한 날씨지만 신입생들의 활기가 넘쳐 났다. 입학식장으로 들어가자 신입생뿐만 아니라 학부모들도 함께 참석하여 자리에 앉아 있었다. 균은 어머니를 모시고 오지 않았음을 후회했다. 축사는 생활과학대학의 교수님이 했다. 균은 자리에 꼿꼿하게 앉아 축사를 경청했다. 그의 축사는 과거와 현재 상황을 비교하고, 일본과 중국과 우리나라를 비교하고, 공부를 열심히 하자고 격려했다. 그는 이렇게 끝맺음을 했다.

"그러기 위해서 다시 공동체를 이야기할 때입니다. 나 자신만의 이익이 아니라 여러분이 함께 성장해 나가야 할 공동체에 대한 책임과 이타 정신을 여러분은 이 교정에서 배워 나가기 바랍니다. 공동체를 먼저 생각하는 '선함'을 가슴에 품고 개인의 열정을 불태울 수 있을 때, 인류와 나라와 학교와 그리고 여러분 자신의 성장이 서로 접점을 찾아 만개할 수 있습니다. 신입생 여러분, 세계에서 가장 높은 산은 8,848m를 자랑하는 에베레스트산입니다. 여기 질문을 하나 드리겠습니다. 에베레스트산이 세계에서 가장 높은 이유가 무엇인지 아십니까? 왜 제일 높겠습니까? 답은, 히말라야산맥에 있기 때문입니다. 그렇습니다. 에베레스트산이 세계에서 제일 높은 이유는 세계에서 제일 높은 히말라야산맥 안에 있기 때문입니다. 에베레스트산이 만약 바다 한가운데 혼자 있었다면 높아 봐야 한라산이나 후지산 정도밖에는 되지 않았을 것입니다. 하지만 에베레스트산은 세계의 지붕이라는 티베트 고원의 거봉들과 어깨를 맞대고 있습니다. 그 준령에서 한 뼘만 더 높으면 바로 세계 최고의 산이 될 수 있는 것입니다. 먼저 우리나라를, 우리 학교를 히말라야산맥으로 함께 키워 나갑시다. 바다 위에서 혼자 높아지려고 해서는 안 됩니다. 자기 자신만이 아니라, 나와 함께 가야 할 사회적 약자들과 우리 공동체를 함께 생각하는, 선하고 책임 있는 인재로 성장해야 합니다. 당신이 여기 앉아 있기 위해 탈락시킨 누군가를 생각하십시오. 당신은 승리자가 아닙니다. 당신은 채무자입니다. 선함과 책임감을 바탕으로 우리 공동체를 히말라야산맥처럼 만들고 나서, 자신이 한 뼘만 더 성장할 수 있다면, 그때 당신은 바로 세계에서 가장 높은 산이 되어 있을 것입니다.

사랑하는 나의 학생들이여, 선해지십시오. 성장하십시오. 당신이 희망입니다. 감사합니다."[39]

균은 에베레스트산 이야기를 들으며 평택 공장의 70m 굴뚝을 떠올렸다. 그들은 최고가 되기 위하여 굴뚝에 오른 것이 아니었다. 그저 평안한 삶의 지속을 위해서 올랐을 뿐이었다. 그나마도 실현되지 않는 현실에서 에베레스트산 이야기는 딴 나라의 이야기처럼 다가왔다. 균은 산이 아니라 바다가 되어야 한다고 생각했다. 서로 높아지려는 산이 아니라 서로 평등해지는 바다, 모든 것을 끌어안고 맑히는 바다, 모든 생명을 살리는 바다, 바다와 같은 존재가 되어야 아름다운 세상이 만들어질 거라고 생각했다.

대학 생활에 익숙해질 때쯤, 균은 중앙대 철학과 김창인의 자퇴 선언을 접했다. 김창인은 자퇴 선언을 하며 두산그룹에서 인수한 중앙대학교가 대학이 아니라 하나의 산업체로 탈바꿈되었다고 비판했다. 정의가 사라진 대학은 대학이 아니기에 자퇴한다고 선언했다. 이 자퇴 사건은 여러 언론의 기사를 통해 대학의 본질이 무엇인가에 대한 논의를 일으켰다.

균은 대학의 자유를 만끽할 수 없었다. 안팎의 분위기는 균에게 자유로움을 허락하지 않았다. 균은 교육혁명의 가능성을 탐구해 보기로 했다. 특히 유럽의 68혁명[40]에 관심을 두었다. 68혁명은 1968년 프랑스 파리에서 일어난 운동으로 처음에는 5명의 청년이 시작하였으나, 이내 프랑스 전역의 대학생 시위와 1,000만 노동자 파업으로 확산된 반체제, 반문화 운동이었다. 대학생들은 종교, 애국주의, 권위에 대한 복종을 반대하고, 평등, 성 해방, 인권, 공동체주의, 생태주의 등의 가치를 전면에 내세웠다. 이들은 대학을 점거하거나 자유대학을 세우면서 스스로 선생이 되고 학생이 되고자 했다. 이 혁명은 프랑스뿐만 아니라 영국, 독일, 네덜란드, 칠레, 우루과이, 아르헨티나, 멕시코를 넘어 미국과 일본 등지로 퍼져 나가면서 세계적인 운동이 되었다. 혁명 세력은 기성세대에게 아무것도 요구하거나 부탁하지 않고 자신의 상상력으로 미래를 열어 갔다. 균은 이들을 연구하며, 이들이 주장하는 슬로건에 열광했다.

"행동하라."

"더 많이 소비하라, 더 빨리 죽으리니."

"일하지 말라."

"열정을 해방하라."

"불가능한 것을 요구하라."

"금지를 금지하라."

"파괴는 창조의 열정이다."

"사랑할수록 더 많이 혁명한다."

"다른 세계는 가능하다."

균은 군사독재가 지배하고 있었던 한국만이 이 68혁명의 영향에서 벗어나 있었음을 알고 안타까워했다. 만약에 68년도에 한국에서도 이와 같은 세계적 혁명의 흐름이 형성되었다면 지금 이 답답한 교육 현실보다는 나은 세상에 살고 있을 것으로 생각했다. 그렇다면 지금은 어떤가? 허균은 자신에게 물었다. 입시와 스트레스로 인한 청년들의 자살률 세계 1위인 나라, 대한민국. 대학을 나왔다고 하더라도 다시 금수저, 흙수저로 나뉘어 운명이 결정되는 나라. 이 절망의 교육 공화국에서 지금이 아니라면 언제인가 하고 자문했다. 결국은 '언제인가'라는 질문보다 더 절박한 질문이 있음을 깨달았다. '누구인가?' 이 혁명을 시작할 사람은? 균은 자신의 심장이 뜨겁게 뛰고 있음을 느꼈다. 앎에서 그치면 학문이 아니다. 삶을 바꿔야 학문이다. 내가 해야 한다! 허균의 가슴속 깊은 곳에서 내면의 목소리가 들려왔다.

균은 대학 생활 첫해 여름방학이 되자 고향으로 내려와 친구들과 교육혁명에 관하여 이야기를 나누고, 그 가능성을 타진해 보았다. 68혁명처럼 대학을 점거하는 것 그 자체로는 아무런 변화의 물결을 일으킬 수 없었다. 기존 흐름의 거부가 새로운 흐름을 형성하지 않는다면 자기 파괴적인 소용돌이만을 일으킬 것이었다. 새로운 흐름을 만들어야 한다. 그래서 기존의 흐름을 낙후시켜야 한다. 기성세대에 대한 절망이 아니라 신세대에 대한 희망을 탐구해야 한다. 균은 친구들과 스스로 선생이 되고 학생이 되는 자유대학을 실험해 보기로 했다.

균은 친구들과 함께 SNS를 통하여 '움직이는 자유대학'을 함께 실험할 동료들을 모아 나갔다. 마치 홍길동이 활빈당을 모아 나가듯이 다양한 재능을 가지고 있는 동료들이 모였다. 비록 학위나 자격증을 가지고 있지는 않았지만, 이들은 재능이 남달랐다. 척 보면 야생초를 구분할 줄 아는 농부 청년, 여러 가지 드론을 제작하여 판매하는 기술자, 하늘의 별자리를 척척 맞추는 고등학생, 전통 요리를 연구하는 청년, 스마트폰으로 영화를 제작하는 영화감독, 어느 공간이든지 놀이할 수 있게 만드는 재미난 능력의 소유자, 길거리에서 주워 온 폐품으로 악기를 만들어 연주하는 연주자, 여러 가지 재료를 이용하여 전시물을 제작하는 아티스트, 함께 그리는 집단 그림의 미술가 등 전국 각지에서 수많은 동료가 모여들었다. 그중에는 균이 재수생 시절 전국을 돌며 작가와의 만남을 진행했을 때 인연을 맺은 사람들도 있었다. 균은 이들과 함께 전국을 순회하며 '움직이는 자유대학 캠프'를 개최하였다.

균의 '움직이는 자유대학' 운동은 매스컴에서도 흥밋거리가 되었다. 몇몇 지역 방송국에서 이 운동을 소개하자 '움직이는 자유대학' 운동은 빠르게 퍼져 나갔다. 지방 차치 단체에서도 이 운동에 관심을 두고 연대를 요청해 왔다. 균과 그의 동료들은 요청에 맞춰 팀을 구성하여 전국에 동시다발적인 캠프를 진행함과 동시에 운영 매뉴얼을 만들어 그 지역의 청소년, 청년들과 교감을 형성해 나갔다. 방학 때마다 진행한 '움직이는 자유대학 캠프'는 이제 상설 캠프가 몇몇 지역에서 꾸려질 만큼 커졌다.

2학년이 시작될 무렵, 균은 전국적인 '움직이는 자유대학' 조직을 결성할 수 있었다. 200명이 넘는 젊은 자유대학 구성원들의 협의체를 구성하고, 인터넷에 '움직이는 자유대학, 활빈당' 사이트를 개설하였다. 이후 이 자유대학을 운영하는 사람들을 일컬어 '활빈당'이라 부르게 되었다.

활빈당원들의 활약은 눈부셨다. 중앙 조직 없는 자유연대의 정신 아래 모인 활빈당원들은 한편으로는 전국적인 연대로 서로의 재능을 나눔과 동시에, 자신이 속한 지역에서 '움직이는 자유대학' 운동을 펼쳐 나갔다. 학력, 나이, 지역에 제한을 두지 않고 누구나 선생이 되고 학생이 되는 활빈당의 정신은 숨겨진 인재 발굴의 등용문이 되었다. 자발적인 후원과 자율적 회비로 안정적 활동을 지속할 수 있는 기초를 마련했다. 활빈당 정신에 매료된 지역의 중소기업에서도 후원을 아끼지 않았다. 재벌들이 운영하는 대학교와는 다른 뿌리 깊은 지역 경제에 기초한 대학이 가능함을 확인할 수 있었다.

2016년 8월 15일, 균은 서울대학교 캠퍼스에서 전국 자유대학 축제를 열었다. 서울대 학생이 아닌 자유대학인들이 속속 모여들었다. 중고생뿐만 아니라 청년 노동자, 농민들이 500여 명 넘게 참석하여 축제를 즐겼다. 이 축제는 전국의 방송국에 다양한 방식으로 보도되었을 뿐 아니라 여러 언론 매체에서도 주요 뉴스로 다룰 정도로 파급력이 있었다. 아래는 OO 신문의 기자와 균의 인터뷰 중 일부를 옮긴 것이다.

활빈당의 교육혁명,
움직이는 자유대학의 현장을 찾아서

– 교육의 이상향 '율도국'은 가능한가?

기자 : 움직이는 자유대학 운동이 올해로 1년이 되는데, 일단 축하드립니다. 자유대학 운동이 이렇게 빠르게 성장했던 동력은 무엇이라고 생각합니까?

허균 : 움직이는 자유대학 운동은 입시와 학력 중심주의를 벗어나 새로운 교육을 실험하는 운동입니다. 입시를 통해 얻어지는 학력은 우리 시대의 또 다른 특권입니다. 이것은 마치 조선 시대의 서얼제도처럼 우리 사회를 갈라놓았습니다. 우리는 차별적인 학력 제도와는 달리 평등한 교육이 가능하다고 생각했습니다. 삶의 기술은 자격증이나 학력이 필요한 것이 아닙니다. 우리가 자격증이나 학력을 넘어선다면 얼마든지 자유로운 교육을 실험해 볼 수 있습니다. 누구나 스승이 될 수 있고, 누구나 학생이 될 수 있습니다. 그것이 가능하다면 교육은 전국 어디에서 누구든지 차별받지 않고 이루어집니다. 이 자발적이고 자유로운 교육 운동이 이른 시간에 퍼져 나가서 오늘의 결과를 이룬 것으로 생각합니다.

기자 : 아이러니하게도 그 자유대학 운동의 축제를 서울대 캠

퍼스에서 진행하고 있습니다. 특별한 이유라도 있습니까?

허균 : 서울대학교는 우리나라에서 최고의 인재들만 다닌다는 대학입니다. 입시제도의 정점이라고 볼 수 있습니다. 특히 서울대를 졸업한다는 것은 학벌 세력의 최고 구성원이 되는 것입니다. 그런 점에서 입시와 학력주의의 최정점에 놓여 있는 것이 서울대입니다. 그래서입니다. 서울대야말로 가장 먼저 혁명되어야 할 장소입니다. 서울대에서부터 입시와 학력 제도를 혁파해야 합니다. 혁명은 국가 권력을 장악하는 것만을 뜻하지 않습니다. 혁명은 삶의 관점과 태도가 바뀌는 것이고, 그것을 매 순간 실험하는 것입니다. 저는 오늘 바로 서울대학교에서 우리나라의 교육혁명을 선포하고 싶었습니다.

기자 : 그럼 오늘 축제가 혁명이란 말입니까?

허균 : 그렇습니다. 오늘 축제야말로 화약 냄새가 나지 않는 혁명입니다. 파괴하는 것이 아니라 넘어서는 것입니다. 오래된 관습에서 벗어나 새로운 삶으로 전환하는 것입니다. 서울대는 서울대의 것이 아니라 모든 국민의 것이고, 청소년, 노동자, 농민의 것입니다. 누구나 배우고 싶은 자가 있으면 마음껏 누릴 수 있는 곳이 될 때 서울대는 새롭게 거듭날 것입니다.

기자 : 재미난 발상이군요. 움직이는 자유대학에서 활동하는 사람들을 활빈당(活貧黨)이라고 말하던데, 본인이 쓴 《홍길동

전》에서 가져온 생각입니까?

허균 : 같이 활동하던 동료들이 자유대학 운동을 활빈당의 모습과 유사하다고 말해서, 재미난 발상이라고 생각했습니다. 그때부터 자연스럽게 우리 모임을 활빈당이라고 표현했지요.

기자 : 보통 당이라면 정치 조직을 뜻하는 용어인데, 정치적 결사체로 가려는 계획입니까?

허균 : 그것은 우리가 정치를 어떻게 보느냐에 따라 다르게 대답할 수 있겠지요. 협소한 의미의 정치는 정당 활동을 중심으로 움직이지만, 저는 정치를 정당 활동이 아니라 우리의 생활 속에서 실험하는 모든 사회적 실험을 일컫는 말로 사용합니다. 넓은 의미에서 정치는 공동체 생활의 변화를 모색하는 모든 활동입니다. 그런 의미에서 우리는 다양한 정치적 결사체를 가질 수 있지요.

기자 :《홍길동전》에서는 홍길동이 국가 권력을 새로 세워 율도국이라는 나라를 만드는데, 혹시 나라를 장악하거나 만들려는 계획은 있습니까?

허균 : 너무 많이 나가시는 것 같은데요.(웃음) 대한민국 국민이라면 누구나 자신이 원하는 나라를 위하여 자신의 삶을 실험해 볼 수 있지 않을까요? 대한민국의 모든 권력은 국민에게서 나온다는 헌법 정신을 저는 믿습니다. 저도 국민 중 한 사람이

라면 저에게도 권력자로서 해야 할 일이 있다고 생각합니다. 저는 저의 권력을 교육을 혁명하는 데 사용하고 싶습니다. 그런 의미에서라면 '율도국' 만들기는 이미 곳곳에서 이루어지고 있는 셈이지요.

활빈당 사이트가 구축되고, 전국 조직이 결성되고 나서는 '자유대학 운동'이 불꽃처럼 번져 나갔다. 성공리에 치러진 축제와 각종 매체에 소개된 글들이 땔감의 역할을 했다. 사이트 게시판에서는 교육혁명과 관련된 다양한 글들이 게시되었고, 그에 대한 답글과 토론이 활발하게 진행되었다. 논의는 거듭 발전하여, 입시제도에 대한 문제 제기뿐만 아니라 국립대학 통폐합과 관련된 이야기들도 활발하게 전개되었다. 각 지역 단위에서는 기존의 대학을 넘어서는 대안대학을 세우자는 논의도 있었다. 활빈당 사이트에는 '홍길동'이라는 닉네임을 가진 회원들이 다수 등장했다. 그들은 서로를 구별하기 위해 충청 홍길동, 홍길동2 등 앞뒤로 다양한 수식어나 기호로 자신을 표현했다. 이제 홍길동은 소설 속 인물이 아니라 현실에 등장하는 인물이 되었고, 다양한 형태로 변이되고 퍼져 나갔다. 홍길동이 했다는 분신술이 현실에서 나타났다.

홍길동이라는 닉네임이 유행하자, 전국의 여러 조직이 이름을 율도국이라고 칭하기 시작했다. 이 역시 구분을 위해 다양한 수식어들이 붙었다. 경기 율도국, 강원 율도국 등 지역 이름에 붙인 곳도 있었고, 대학을 포기하고 자유로운 삶을 선택한 청소년 율도국 등 모임의 성격을 앞에 붙인 조직도 만들어졌다. 율도국의 풍년이었다.

균은 자유대학 운동이 스스로 전개되어 나가는 모습을 보며 교육혁명이 가능함을 믿게 되었다. 하지만 이 운동은 여전히 대학 밖의 대안적인 운동일 뿐 대학 그 자체를 바꾸는 운동은 아니라는 것도 분명히 인식하고 있었다. 현실은 여전히 입시제도에 학생들이 짓눌리고 있었고, 학벌 사회라는 현대판 서얼제도가 사라지지 않았다. 한 걸음 더 나아가야 했다.

기존의 기득권을 가지고 있는 대학 당국은 스스로 혁명하지 않을 것이다. 대한민국을 장악하고 있는 교육 관료들과 각 대학을 장악하고 있는 핵심 권력자들, 그리고 그들의 그늘에서 기생하는 교수 세력의 힘은 막강했다. 대한민국의 68혁명은 아직도 첫걸음을 뗀 갓난아기에 불과했다.

* * *

그해 겨울 대한민국은 아수라장이었다. 국가 권력자의 비리가 곳곳에서 드러났고, 그 권력자들 주변에서 하이에나처럼 국가를 장악했던 온갖 비리 세력들의 실체가 서서히 드러나고 있었다. 대형 언론들은 이 사실을 감추기 위해 양심적인 기자나 방송인들을 해고하거나 오지로 보내 버렸다. 하지만 한 번 드러난 비리들은 꼬리에 꼬리를 물고 고구마 줄기처럼 연이어 폭로되었다. 대형 언론들이 침묵하고 있는 동안, 대안 언론이 활발하게 움직였다. 팟캐스트 형식으로 제작된 언론들은 인터넷을 통해 빛의 속도로 권력의 비리를 폭로하기 시작했다. 이제 대한민국 국민이라면 누구나 이대로는 안 된다는 것을 깨닫기 시작했다.

2016년 10월 29일 광화문에서는 분노한 시민들이 촛불을 들고 정권을 규탄하는 집회가 열렸다. 나중에 촛불 혁명으로 이름 지어진 이 집회는 시간이 흘러도 적어지지 않고 오히려 들불처럼 전국으로 퍼져 나갔다. 혁명 전야였다. 균의 눈빛이 불꽃으로 타올랐다. 혁명의 불꽃이 점화된 것이었다.

[39] 서울대학교 입학사 중에서.

[40] 68혁명(프랑스어: Mai 68, May 68, 독일어: Mai 68) 또는 프랑스 5월 혁명은 프랑스 샤를 드골 정부의 실정과 사회의 모순으로 인한 저항운동과 총파업 투쟁을 뜻한다. 이 혁명은 교육 체계와 사회 문화라는 측면에서 "구시대"를 뒤바꿀 기회로 보였다. 즉, 68혁명 또는 5월 혁명은 가치와 질서에 저항한 사건이라고 이해할 수 있다. 또한, 68혁명은 미국, 일본, 서독 등 수많은 자본주의 국가에 개혁 의지를 파생시켰기 때문에 프랑스에만 국한된 운동은 아니었다.

처음에는 파리의 몇몇 대학교와 고등학교, 대학 행정부와 경찰에 대한 학생 봉기로 시작했다. 드골 정부는 경찰력을 동원해 저항을 진압하려고 했으나 이는 운동의 열기만 점화시키는 것에 지나지 않았으며, 라틴 지구에서 경찰과의 거리 전투를 일으켰고, 결국 프랑스 전역의 학생과 파리 전 노동자의 2/3에 해당하는 노동자 총파업으로 이어졌다. 드골 정부는 이러한 시위자들에 대항해서 군사력을 동원했고 의회를 해산했으며 1968년 6월 23일에는 다시 총선을 실시했다.

이즈음 정부는 붕괴하기 직전이었고 드골은 독일군 주둔의 비행 기지로 잠시 피신하기까지 했으나, 혁명적인 상황은 지속되지 못했고 좌파연합인 노동총연맹(Confédération Générale du Travail)과 프랑스 공산당(Parti Communiste Français, PCF)의 실책으로 인해 노동자들은 복귀했다. 6월에 총선이 이루어지고 나서 드골의 정당은 이전보다 더 힘을 얻게 되었다. 그러나 드골은 이듬해 물러나고 말았다.

저항자들에게 1968년 5월 혁명은 실패였으나, 사회적으로 엄청나게 큰 영향을 미쳤다. 프랑스에서는 종교, 애국주의, 권위에 대한 복종 등의 보수적인 가치들을 대체하는 평등, 성 해방, 인권, 공동체주의, 생태주의 등의 진보적인 가치들이 사회의 주된 가치로 자리매김하였으며, 이러한 경향이 현재의 프랑스를 주도하고 있다. 물론 이러한 변화가 단 한 달 동안에만 일어난 것은 아니고, 68년 5월 혁명은 이러한 가치 이동의 대명사가 되었다.(위키백과)

9

서울대를
점령하라

2017년 3월 10일 대통령 박근혜가 탄핵당하였다. 그 이전에 광화문에서 19차례나 촛불 집회가 열렸고, 연인원 1,500만 명이 집회에 참여했다. 허균과 활빈당 동료들은 서울을 비롯한 전국에서 촛불을 밝혔다. 헌법재판소 이정미 재판관이 인용문을 낭독하는 동안 모든 국민은 숨을 죽이고 이 인용문을 경청하였다. 인용문은 차분하고도 진중하게 낭송되었다. 그 짧은 역사적 시간에 대한민국의 운명이 바뀌고 있었다. 인용문이 낭송된 지 30분이 지나서 재판관은 주문을 낭독하였다.

"이에 재판관 전원의 일치된 의견으로 주문을 선고합니다.
주문. 피청구인 대통령 박근혜를 파면한다."

주문의 첫 문장이 스피커를 통해 울려 나오자 헌법재판소 앞에 있었던 수많은 촛불 시민들이 환호했다. 현장에 있었던 균과 활빈당원들도 서로를 얼싸안으며 환호했다. 지난해 2016년 10월 29일 첫 번째 광화문 촛불 집회가 시작되고 나서 130일이 지나서야 내려진 결정이었다. 이 헌재 결정은 여야 국회의원들이 끌어낸 결과가 아니라 전국 방방곡곡에서 거의 매일 집회를 열었던 온 촛불 시민의 간절한 염원의 결과였다.

탄핵 결정과 더불어 언론에서는 새로운 대통령을 뽑을 선거 일정들이 발 빠르게 쏟아져 나왔다. 균은 생각했다. 피 한 방울 안 흘리고 이루어 낸 세계적인 시민혁명은 이제 선거라는 일정 속에서 발 빠르게 순치되고 식어 갈 것이다. 정치인들은 이 혁명의 결과를 자신의 것으로 삼기 위해 온갖 감언이설로 혁명의 열기를 자신에 대한 지지로 몰아가려 할 것이다. 그러나 혁명은 이제 시작일 뿐이다. 균은 활빈당 동료들과 함께 환호하는 대열 밖으로 빠져나왔다.

그들은 헌법재판소 근처 맥줏집으로 자리를 옮겼다. 이른 시간인데도 가게 안은 인산인해를 이루고 있었다. 가장 구석진 곳에 자리를 잡았다. 주인은 메뉴판을 들고 와서 오늘같이 기쁜 날은 맥주 한 잔씩은 무료라며 껄껄 웃었다. 허균과 동료들은 치킨 두 마리와 감자튀김을 안주로 시켰다. 서비스 맥주에 5,000cc를 추가로 주문했다. 주문한 맥주가 먼저 나왔다. 마른안주 두 접시를 서비스라며 놓고 갔다. 균은 잔을 들고 외쳤다.

"혁명 만세!"

다들 호기 있게 따라 외쳤다.

"혁명 만만세!"

그러자 곳곳에 앉아 있던 낯선 사람들도 잔을 들어 혁명 만세를 따라 외쳤다. 균은 주변에서 외치는 혁명이란 구호를 들으며 생각했다. 그렇다. 오늘은 혁명의 날이다. 그리고 혁명은 오래 지속될 것이다.

"디데이는 4월 17일로 하자."

허균이 활빈당원들에게 조용히 말하자, 동료들은 눈을 반짝였다.

"그날은 대통령 선거운동 개시일이잖아."

홍길동2가 고개를 끄덕이며 말했다.

"맞아, 대통령 선거운동 개시일에 맞춰 서울대를 점거하는 거다."

"위험하지 않을까?"

강원 홍길동이 눈썹을 치켜세웠다.

"선거운동에 가려져서 아예 기사화도 안 될 가능성이 크잖아."

원주 홍길동이 말을 덧붙였다. 허균은 의심스러운 표정으로 자신을 쳐다보는 동료들에게 단호하게 말했다.

"신문에 의존해서는 안 돼. 우리에게는 활빈당원과 SNS가 있잖아. 그리고 선거운동 개시일이기 때문에 강경한 진압을 하지는 못할 거야. 각 정당의 후보들도 자신의 이미지를 위해서 대학이 점거되면 대화로 풀어 나가려고 할 거야. 우리는 그것을 잘 이용하면 돼."

일리 있는 말이었다. 선거기간에 폭력사태가 일어나는 것을 어느 후보도 원하지는 않을 테니까. 모두 고개를 끄덕였다.

"만약에 우리가 고립되면?"

다시 홍길동2가 신중하게 물었다. 허균이 신속하게 대답했다.

"디데이까지는 아직 한 달여 남아 있어. 언론사에 핫라인을 개설하고, 활빈당원들과 긴밀한 연결망을 구축해야 해. 그리고 국제 교육 단체들과의 연결망도 확보해야 하고. 각자 할 일이 많으니까. 내일 만나서 구체적인 사안은 논의하도록 하자."

허균은 활빈당원들과 매주 서울에 모여 촛불 집회에 참석하고 축제처럼 진행되는 집회를 경험하면서, 자신이 원하는 혁명의 모습을 점점 구체화해 나갔다. 그리고 진정한 교육혁명은 학교에서부터 이루어져야 한다는 확신을 하게 되었다. 촛불 집회에는 수많은 단체와 개인들이 자연스럽게 섞여서 거대한 물결을 이루었다. 그들은 그 물결 속에 섞여서 그 흐름을 이어 갈 방안들을 하나하나 검토했다.

특히 고등학생 조직이 혁명의 깃발을 만들어 휘날리는 것을 목격한 후, 그 아이들이 혁명의 깃발 아래 신나게 웃고 떠들고 춤추고 노래하는 것을 목격한 후, 깃털처럼 가벼운 분위기 속에서 빛나는 아이들의 눈빛을 목격한 후, 웃음 속에서 갈망하는 아이들의 꿈과 소망을 목격한 후, 혁명의 방법이 더욱 분명해졌다. 축제처럼 혁명하자. 학교를 점령하고 축제를 만들어 가자. 관계를 확장하고, 더 많은 친구와 접속하자.

이후 허균과 활빈당원들은 촛불 집회에 참석하는 고등학생 조직과 탈학교 조직, 전국의 대학생 조직과 서로 연락처를 주고받으며 친분을 다져 나갔다. 대통령을 탄핵하자는 구호 아래 모였지만, 그 큰 구호에 묻히지 않을, 작지만 소중한 구호들을 듣고 공감하고 함께 나누었다. 고등학생과 탈학교 학생, 대학생들은 기성세대의 소망과는 다른 꿈들을 그려 가고 있었다. 그리고 그 꿈은 기성세대들이 이루어 낼 수 있는 것들이 아니었다. 배고픈 사람이 씨앗을 뿌리고, 목마른 사람이 우물을 파듯이, 교육혁명은 학생들로부터 시작되어야 했다. 허균과 활빈당원들은 자신들이 그 마중물이 되기로 했다.

* * *

균과 활빈당원들은 전국의 율도국에서 교육혁명과 관련된 토론회를 개최했다. 교육혁명은 일부의 교육학자들과 정치가들에 의해서 만들어질 수 있는 것이 아니었다. 정권이 바뀐다고 해서 그 바뀐 정권에 모든 것을 맡기는 것은 어리석은 일이라고 그들은 생각했다. 이 혁명적 분위기를 이용하여 전국의 중고생과 탈학교 학생, 청년 노동자와 농민, 대학생들이 지혜를 모아 만들어 나가야 한다.

활빈당원들은 전국 단위의 토론회를 거쳐 서울에서 '교육혁명 대토론회'를 개최했다. 대토론회에서 나온 의견들을 정리하면 다음과 같다.

- 전국의 국립대학 통합(한국대학으로 명칭 통일, 지역별로 전문분야

  대학을 육성함)
- 모든 공교육의 무료화(대학등록금 폐지, 교육비 전액 지원)
- 초중고등학교 학내 민주화와 학생의 학교운영 참여 의무화

  (의결 인원의 30%)
- 노동 청소년과 탈학교 학생에 대한 기본권리 확보
- 청년에 대한 기본소득 보장(월 100만 원)
- 초중고등학교 국정교과서 폐지, 교사 자율에 따른 커리큘럼

  실시
- 시험 등급화 전면 폐지, 내신 폐지, 국가시험 간소화
- 학력 차별을 조장하는 특목고 폐지

서울대를 점령하라 9

- 모든 대학의 시민 교육 실시(대학도서관의 전면 개방)
- 대학 총장 및 각 학교 교장 직접 선출, 재단의 학교 운영 개입
  금지
- 학력 기록과 학력에 따른 차별 폐지
- 교육 협력 단체 활동, 일정 부분 학점으로 인정

'교육혁명 대토론회' 자료집은 전국 언론사에 보내졌고, 각종 SNS에
다양한 형태로 변형되어서 뿌려졌다. 동영상을 제작하여 유튜브에
올리는 활빈당원들도 있었고, 카드뉴스 형태로 제작하여 페이스북
에 올리는 활빈당원도 있었다. 이슈마다 국제적 상황을 비교하여 도
표로 제작해서 올리는 학구파 홍길동도 있었다. 지시하지 않아도 자
발적으로 자신의 능력을 발휘해서 다양한 형태로 교육적 이슈를 부
각했다. 탈학교 학생들은 〈우리도 학생이니까〉라는 노래와 율동을
만들어, 학교에 다니지 않는 학생에게도 배울 권리를 달라는 주장을
펼쳐 나갔다.

신학기가 시작되고, 균과 전국의 활빈당원들은 디데이에 맞춰 서울
대 캠퍼스에서 교육혁명 축제를 개최했다. 천여 명이 모인 축제의 폐
회식에서 균은 마이크를 잡았다.

"전국에서 교육혁명 축제에 참여하신 청소년, 청년 여러분, 반갑

습니다. 즐거우셨습니까? 저는 활빈당원 허균입니다. 우리는 이 자리에 교육혁명을 이루기 위해 모였습니다. 교육은 대학에서만 이루어지는 것은 아니지만, 우리나라 입시제도가 대학이라는 한곳을 향해 집중되어 있기에 대학교를 혁명하는 것이 그 무엇보다 중요합니다. 특히 이 서울대학교는 우리나라에서 그 어느 곳보다 상징적인 장소입니다. 그래서 우리는 바로 이 장소에서 교육혁명을 선포하려는 것입니다.

오늘은 대통령 후보 선거운동 개시일입니다. 저는 대통령 후보들에게 촉구합니다. 대한민국의 미래는 청소년과 청년에게 있습니다. 그리고 미래는 이 청소년과 청년들이 어떠한 교육 환경 속에서 자라느냐에 달려 있습니다. 정권은 5년마다 바뀌지만, 교육은 백년지대계라고 합니다. 교육혁명은 단 하루도 늦어서는 안 되는 중대한 과제입니다.

우리는 한 해에 6만 명에 가까운 청소년들이 수능을 포기하는 것을 목격했습니다. 대학을 못 나온 청년들은 임금 격차와 학력 차별로 인해 고통을 받고 있습니다. 대학을 다니는 학생이라고 사정이 나아지는 것은 아닙니다. 서울에 있는 대학이 아닌 경우 지방 하류대라는 손가락질을 당하고 있습니다. 설령 서울에 있는 대학에 다닌다고 하더라도 높은 등록금으로 고통받고 있으며, 졸업 후에도 청년 실업이라는 낭떠러지가 기다리고 있습니다. 가장 희망을 품고 살아야 할 청소년과 청년들이 가장 고통스러운 삶을 살고 있다면 그 나라의 미래는 불 보듯 뻔합니다.

그래서 우리는 지금 서울대 학생회관을 점거하고 우리의 교육혁명 요구가 관철될 때까지 장기 농성에 들어갑니다. 비록 농성에 들어가는 인원은 많지 않지만 우리를 지지하는 수많은 동지가 있기에 우리는 굴하지 않고 끝까지 싸워 나갈 것입니다.

축제에 참석해 주신 여러분, 저기 학생회관을 봐 주시기 바랍니다."

학생회관에는 이미 점거에 들어간 허균의 동료들이 손을 흔들어 신호를 보내왔다. 순간 축제에 참석한 청소년, 청년들은 환호성으로 그들에게 답했다.

"저는 동료들과 함께 저 학생회관에서 즐거운 축제를 이어 갈 것입니다. 여러분들도 여러분의 현장에서 즐거운 교육혁명의 축제를 이어 가시길 부탁드립니다. 감사합니다."

허균은 마이크를 사회자에게 넘기고 뚜벅뚜벅 걸어서 학생회관으로 들어갔다. 허균이 들어가자 학생회관의 문은 굳게 잠겼다. 축제를 취재하던 기자들은 갑작스러운 허균의 발표에 놀라며 카메라를 들어

플래시를 터뜨렸다. 축제 인원들은 북과 꽹과리를 치고 춤을 추면서 학생회관 주위를 돌았다. 그날 밤 저녁 뉴스에 균과 동료들의 서울대 학생회관 점거 소식이 속보로 전달되었다.

혁명은
끝나지 않았다

자, 그렇다면 허균의 학생회관 점거 후에 상황은 어떻게 되었을까? 여기까지 읽은 독자들은 다음 사건이 매우 궁금하리라. 현실에서 예상되는 결론은 다음과 같다.

결론 1

허균이 예상했던 대로 정부에서는 엄정한 대처를 지시하고, 언론사에서는 기자단을 급파하며, 각 당의 입장 발표가 이어졌다. 여당에서는 사회가 혼란한 틈을 타서 좌익 세력들이 준동한 것이라며 배후에 야당 세력이 있을 것이라는 음모론을 퍼뜨렸다. 야당에서는 이 점거 농성은 자신들과는 아무런 상관이 없는 일이지만, 평화롭게 문제가 해결되어야 한다고 주장했다. 서울대로 경찰이 급파되었지만, 대학교수협의회에서 폭력 진압을 반대하고, 평화적으로 문제를 해결할 것을 촉구했다. 경찰은 캠퍼스 안으로 들어오지 못했다. 각계각층 지도자들의 지지 선언 발표가 이어졌다.

다음 날 야당 대선 후보들이 방문했다. 균과 동료들은 대선 후보들을 만나 교육혁명 요구안을 전달하였다. 대선 후보들은 당에서 검토하여 현실적인 부분은 공약에 반영하겠다며 점거 농성을 풀어 달라고 요청했다. 여당 후보는 야당 후보들의 정치 행보를 비난하며 어린 것들의 정치 놀음에 함부로 놀아나고 있다고 강력 대응을 촉구했다. 여당의 반응에 화가 난 각 대학의 총학생회에서는 지지 방문단을 결성하여 서울대를 방문함과 동시에 교육혁명을 이슈화하기 시작했다. 서울대 당국은 학생회관을 점거하고 있는 허균과 동료에게 점거 농성을 풀 것을 요구하며 대화로 문제를 해결하자는 뜻을 전달했다. 언론은 학생회관 점거 농성 소식을 매시간 속보로 전달하였다.

경찰은 점거 농성에 참여한 학생들의 신원을 파악하고 그들의 가족과 접촉했다. 그리고 그들이 평소에 정부에 불만이 많았던 학생이라는 점을 부각하며 여론몰이를 하였다. 대형 언론사들은 경찰이 제공하는 정보를 확대해서 보도했다. 특히 주동자로 찍힌 균의 가족과 주변 상황이 자세히 보도되면서 균을 불순분자로 낙인찍었다. 보수언론의 기자들은 균의 가족 상황을 하이에나처럼 파고들어 균의 형인 허봉의 신원을 밝혀내고 쌍용자동차 해고 노동자들이 균의 배후세력이라고 악선동을 퍼뜨렸다.

한편 전국에서 활동하고 있었던 활빈당원들이 서울대로 집결하여 균의 점거 농성을 지지하자 보수언론은 전국의 불순분자들이 서울대를 점거하려 하고 있다고 보도했다. 화가 난 일부 활빈당원과 경찰들의 대치가 있었다. 경찰은 서울대로 들어가려는 사람들의 신원을 확인하고 서울대생이 아닌 경우 체포한다고 발표했다. 활빈당원 중 적지 않은 인원이 실랑이 끝에 체포되었다. 체포된 사람들은 하루 만에 풀려 나오긴 했으나 이들의 체포 소식을 들은 전국 각지의 사람들이 지지 방문을 위해 서울대로 모여들었다. 경찰과의 대치가 점점 심해져 갔다. 허균과 동료를 응원하는 지지자들은 서울대를 둘러싸고 촛불을 들었다. 촛불의 인원이 점점 늘어 가고 있었다.

서울대는 점거 사태가 장기화할 것을 우려하여 허균과 동료들에게 최후통첩을 하였다. 대통령 선거를 일주일 남짓 앞둔 날이었다. 균과 동료들은 이 사태를 두고 토론을 했다. 균은 자신만 체포하고 다른 동료들은 풀어 줄 때 점거를 풀자고 이야기했다. 동료들은 그것은 안 될 말이라며 끝까지 함께 싸우자고 주장했다. 결론이 나지 않았다. 그날 밤, 사태가 정부에게 안 좋은 방향으로 흘러가는 것을 예감한 경찰은 학생회관을 급습하여 허균과 동료들을 체포했다. 2017년 5월 1일. 노동절이었다.

* * *

여기까지가 결론이다. 독자들은 분명 너무도 냉정하게 서술되는, 비극이 예상되는 결론을 보고 실망했으리라. 하지만 역사적으로 점거 농성에 대한 기록들을 뒤져 보면 처음에는 단호하였으나, 나중에는 비참한 결론에 도달한다. 프랑스 68혁명에서도 대부분의 혁명 세력이 체포되었고, 80년 광주항쟁 때 전남도청을 사수하던 시민들도 군인들의 난폭한 진압 과정에서 죽거나 체포되어 비참한 결말을 맞았다. 그렇게 혁명의 1세대는 자신의 몫을 다하고 역사 속으로 사라지거나 가라앉았다.

그러나

역사는 결코 그렇게 끝나지 않는다. 프랑스의 68혁명은 실패했으나 그 이후 프랑스는 68혁명의 교훈으로 교육개혁을 단행하여 국공립 대학을 통합하고, 대학 교육의 무상 교육을 단행했으며, 입시제도에 대한 근본적인 혁신을 이루어 갔다. 80년 광주항쟁도 마찬가지다. 광주는 당시 철저하게 고립당하고 파괴되어 갔지만, 그 이후의 역사는 광주항쟁의 교훈을 밑거름 삼아 거대한 민주화운동의 물결을 일으켰다. 뒤이은 87년 민주항쟁과 88년 노동자 대투쟁은 독재 정부를 타도하고, 민주정부를 구성하는 거대한 물줄기를 형성했으며, 그렇게 성장한 시민들은 오늘날 촛불 혁명의 주역이 되었다.

그래서 결론 1과는 다른 희망을 덧붙인다. 이 희망이 가능할지는 독자의 몫이다.

또 다른 결론

2017년 5월 1일. 127주년 세계 노동절이었다. 허균과 동료들이 체포되자 전국의 대학에서는 동맹 점거 농성이 시작되었다. 대학마다 거리마다 다음과 같은 문구를 내건 현수막이 내걸렸다. 이 문구는 1886년 미국 시카고 총파업을 이끈 노동운동가 어거스트 스파이스가 재판 최후진술에서 한 말이었다.[41]

당신은 하나의 불꽃을 밟아 끌 수는 있지만
사방에서 타오르는 들불을 끌 수는 없을 것이다

선거를 일주일 앞두고 균과 동료들이 체포되자, 언론에서는 이 사건을 주요 뉴스로 다뤘다. 교육혁명의 슬로건들은 그날 저녁 대선 후보 토론회의 주요 쟁점이 되었다. 토론회 진행자는 균과 활빈당원들이 내놓은 정책안을 가지고 대선 후보들의 의견을 물었다. 전국민의 시선이 그들의 입을 쳐다보고 있었다.

균과 동료들이 체포된 다음 날 아침, 초희는 경찰서를 찾아가 균의 면회를 요청했다. 시간은 조금 지체되었지만 면회는 허가되었다. 경찰서 바깥에서는 균과 동료들을 석방하라는 시위대가 경찰서를 에워싸고 촛불을 들었다.

"괜찮니?"

"난 괜찮아. 엄마는?"

"지금 서울에 계셔. 하도 기자들이 몰려와서 내가 올라오시라고 했어."

"별일도 아닌데 괜히 걱정을 끼쳐 드렸네."

"우리 걱정하지 말고 마음 단단히 먹어. 민변[42]에서 변호인단을 구성해서 올 거야. 바깥일은 내가 알아서 할게."

"우리 누나 든든한데."

"학교에서 너의 징계 건으로 징계위원회가 구성되었는데, 결론이 아직 안 났나 봐. 사안이 워낙 민감해서 추후 과정을 지켜보자는 교수들과 학칙에 따라서 처리하자는 쪽으로 갈렸나 봐."

"결론이 어느 쪽으로 나든 나는 상관없어. 최악의 결과까지 염두에 두고 벌인 일이라서."

"애써 들어간 학교를 쉽게 포기하지는 말자."

"형도, 누나도 도중에 그만둬 놓고 동생한테 할 말은 아니지."

"애가 아직도 농담할 기운이 남았나 보네."

"누나."

"응?"

"나, 어젯밤 꿈에 형을 봤어."

"그래?"

"형이 환하게 웃고 있었어."

"그랬어?"

"그럼 된 거야."

"그렇구나."

초희는 균을 바라보며 쓸쓸하게 웃었다. 균은 환하게 웃었다. 초희는 면회를 마치고 나왔다. 경찰서 담장을 따라 붉은 장미가 흐드러지게 피어 있었다. 장미꽃 사이로 시위대의 얼굴들이 붉게 빛났다. 초희는 균을 생각하며 힘차게 계단을 걸어 내려왔다. 균은 유치장으로 돌아와 결가부좌를 틀고 단단히 자세를 잡았다. 미래는 오래 지속될 것이다.

혁명은 끝나지 않았다.

[41] 노동절의 유래: 1880년대 미국의 노동자들은 자신의 권익을 보장받지 못하였다. 그래서 1886년 5월 1일 '하루 8시간 노동'을 주장하는 노동자들이 거리로 나와 시위를 벌였다. 첫날에 25만의 노동자가 거리로 나왔으며, 이틀 후인 3일에는 21만의 노동자가 시카고 헤이마켓 광장에 집결하여 밤중까지 집회하였다. 경찰은 이들을 무력으로 진압하였고, 그 과정에서 경찰과 노동자 10명이 죽고, 200여 명이 유혈 충돌로 다치게 되었다. 이 사태에 책임을 물어 시카고 재판부는 시위 지도부 7명을 체포하고 어거스트 스파이스를 포함한 4명에게 사형선고를 내렸다. 하지만 노동자들의 시위는 끊이지 않았고, 이후 유럽으로까지 번져 갔다. 이후 세계 노동자들은 미국 시카고 노동자들의 시위를 기념하여 5월 1일을 노동절로 제정하고, 1890년에 첫 세계 노동절 대회를 열었다.

[42] 민변 : 민주사회를 위한 변호사 모임. 1988년 인권, 시국 사건의 변론을 주로 맡아 온 중진 변호사 30명과 소장 변호사 16명이 참여해 결성했다. 현재 회장은 정연순이며, 소재지는 서울특별시 서초구 법원로4길 23 양지빌딩 2층이다.(위키백과)

그곳에 희망은 끝나지 않았다

부록

《홍길동전》의 저자

최초의 한글 소설《홍길동전》의 저자로 유명한 허균은 조선 중기시대에 활약했던 지식인이자 예술가이며 혁명가입니다. 조선 시대에 수많은 인물이 있었지만, 허균처럼 파란만장한 삶을 살았던 사람은 흔하지 않습니다. 뛰어난 문장과 외교능력으로 명나라 사신을 감동하게 했을 뿐 아니라,《한정록》,《성소부부고》,《도문대작》등 수많은 저작을 남겼습니다. 가장 유명한 작품인《홍길동전》은 나중에서야 실제 저자가 허균임이 밝혀질 정도로 위험한 내용을 담고 있습니다. 서자 출신의 홍길동이 나라를 어지럽히고, 결국에는 자신의 나라를 세운다는 이야기는 당시로는 상상할 수도 없는 파격적인 이야기였습니다.

자유분방한 사상가

허균은 당대의 학자들과는 달리 성리학뿐만 아니라 양명학, 불교, 도교, 천주교에 관심이 많아 명나라로 사신을 다녀올 때면 관련 서적을 많이 사들여 오기도 했습니다.《광해군일기》에는 "허균은 거짓된 글짓기를 좋아하며 스스로 산수 도참의 설부터 도교, 불교, 땅 위 이단의 이야기들을 모두 지었다. "라고 쓰여 있습니다. 당대의 관리들은 이러한 이단 학설에 대해서 쉬쉬했지만, 허균은 노골적으로 이단 학설을 이야기하며, 대놓고 불교 행위를 하다가 이로 인해 관직에서 여러 차례 물러나기도 합니다.

신분을 뛰어넘는 교우 관계

허균의 집안은 유명한 명문가였습니다. 아버지 허엽은 동인의 영수였고, 뒤를 이어 이복형 허성과 친형 허봉이 동인의 중심인물이 되어 당대 반대파였던 서인과 대립하면서 권력의 중심에서 활동하였습니다. 하지만 허균은 스스로 강변칠우라고 부르던 일곱 명의 서자들과도 친분을 맺고, 기생인 이매창이나 서자 출신 시인인 유희경과도 친분을 쌓습니다. 허균의 한글 소설《홍길동전》이나 그가 쓴 산문〈유재론〉등을 보면, 신분제도의 문제를 비판하고 서얼 차별을 지적하면서 실력이 있으면 고르게 인재를 등용하여야 한다는 의견을 피력합니다.

최초의 실학자

허균은 당대의 지배 사상이었던 성리학이 실제의 삶과는 동떨어진 풍토를

조성하고 있음을 비판하면서 이러한 학문으로는 사회문제를 해결하는 데 무족한 점이 많다고 생각했습니다. 그래서 성리학 이외에도 다양한 학문과 사상을 개방적으로 받아들여 당시의 사회적 모순을 지적하고 해결해야 한다고 생각했습니다. 양명학이나 천주학 등을 조선에 알린 것도 허균의 업적 중 하나입니다. 아울러 〈호민론〉에서는 "천하에 두려워할 바는 오직 백성뿐"이라는 의견을 피력하여 정치적 억압에 대하여 백성이 스스로 들고일어나 해결해야 한다는 급진적 이론을 펼치기도 합니다.

미완의 혁명가

허균은 말년에 동문수학했던 이이첨과 함께 인목대비 폐모론에 적극적으로 가담하여, 이로 인해 많은 동지를 잃습니다. 인목대비 폐모론을 반대했던 영의정 기자헌이 유배되자, 그의 아들 기준격은 비밀 상소를 올려 "허균이 역모를 꾸몄다."고 주장합니다. 그리고 허균의 딸이 세자의 후궁으로 내정되자 동지이자 실권자였던 이이첨도 등을 돌립니다. 이후 사헌부와 사간헌의 탄핵 상소로 허균은 모든 직위를 잃고 파면당하고 체포됩니다. 재판은 일사천리로 진행되어 결국 허균은 역모죄로 능지처참 형을 받고 죽습니다. 실제로 허균이 역모죄를 저질렀는지는 알 수 없으나《홍길동전》의 혁명 사상을 소설처럼 실현해 보지 못한 미완의 혁명가로 우리에게 전해집니다.

● 1569년(1세)

선조 2년 음력 11월 3일에 강릉 초당동에서 군수와 동지중추부사(同知中樞府事)를 지낸 초당(草堂)과 둘째 부인인 강릉 김씨 예조참판 김광철(金光轍)의 딸 사이에서 삼남 삼녀 가운데 막내로 태어남

● 1573년(5세)

선조 6년 5세 때부터 형 허봉의 벗인 손곡(蓀谷)에게 글을 배우기 시작

● 1580년(12세)

선조 13년 부친 초당이 상주에 있는 객관에서 별세

● 1585년(17세)

선조 18년 초시에 급제하고 안동 김씨 김대섭(金大涉)의 차녀와 혼인

● 1588년(20세)

선조 21년 허봉 금강산에서 병사

● 1589년(21세)

선조 22년 생원시에 급제

● 1592년(24세)

선조 25년 임진왜란을 피하던 외중에 부인 안동 김씨가 단천에서 첫아들을 낳고 사망하고 어린 아들도 전란 중에 병사

● 1593년(25세)

선조 26년 한반도 최초 시 평론집인 《학산초담》을 지음

● 1594년(26세)

선조 27년 정시문과(庭試文科)의 을과에 급제. 승문원 사관(史官)으로 벼슬길에 오름

● 1597년(29세)

선조 30년 춘추관 기사관을 거쳐 황해도 도사가 되었으며 검열(檢閱)이 되었으나 황해도에 있을 때 기생을 가까이한다는 이유로 탄핵받고 파면당함

● 1598년(30세)

선조 31년 황해도 도사(都事)로 부임

● 1599년(31세)

선조 32년 황해도사 부임 6개월 만에 한양 기생을 황해도까지 데려왔다는 이유로 첫 파직을 당함

● 1601년(33세)

선조 34년 충청 · 전라 지방의 세금을 걷는 전운판관으로 부임. 전운판관이 되었을 때는 부안의 유명한 시인이자 기생인 매창(梅窓)과 교류

● 1604년(36세)

선조 37년 9월 수안군수(遂安郡守)가 됨. 그러나 불교를 믿는다고 암행어사에게 다시 탄핵받아 벼슬에서 사퇴함

● 1606년(38세)

선조 39년 명(明) 사신 주지번(朱之蕃)에게 그동안 보관하던 누이 난설헌(蘭雪軒)의 시선집을 주어 그녀의 사후 18년 뒤에 중국에서 《난설헌집》이 출간됨

● 1607년(39세)

선조 40년 삼척부사(三陟府使)로 나감. 난설헌의 시가 출간되자 조선의 문화를 명에 알린 공로로 특별히 삼척부사가 된 것임. 그러나 재직 중 부청 근처의 법당에 출입하는 것이 누군가에게 목격되어 석 달이 못 되어 불상을 모시고 염불하고 참선한다는 이유로 1607년 5월 사간원과 사헌부에서 탄핵받음

● 1608년(40세)

선조 41년 사신으로 명에 다녀옴. 그해 광해군이 재위에 오르자 대북이 집권하면서 경연관(經筵官)이 되어 경연장에 들어감

● 1609년(41세)

광해군 1년 명에 사절단의 수행원으로 베이징에 가서 천주교의 기도문을 얻어 옴

● 161O년(42세)

광해군 2년 2월 명에 파견될 천추사로 다시 연경(燕京)에 다녀옴. 10월 전시(殿試)의 대독관(對讀官)의 한 사람이 되어 과거 답안지를 채점하면서 자신의 조카와 조카사위를 합격시켰다는 혐의로 사헌부에서 탄핵당함

● 1611년(43세)

광해군 3년 귀양지에서 학동들을 데려다 가르치는 한편 글을 써서 문집 《성소부부고》 64권을 엮음

● 1612년(44세)

광해군 4년 한글 소설 《홍길동전》을 저술

● 1613년(45세)

광해군 5년 칠서의 난이 일어남. 문경새재에서 은(銀) 700냥을 강탈하는 은상 살해 사건이 발생하는데, 사건의 주모자는 여주 남한강변의 강변칠우(江邊七友)라 불리던 일곱 명의 서자들로 밝혀짐. 박응서(朴應犀)·서양갑(徐羊甲)·심우영(沈友英) 등 명가 출신의 서자 일곱 명이 여주 남한강변에 토굴을 파고 무륜당(無倫堂)이라 명명(命名)하고 강변칠우(江邊七友)라고 자칭(自稱)함. 허균은 이들과 친하게 지냄

● 1614년(46세)

광해군 6년 호조참의가 되고, 그해 12월 명나라에 파견되는 천추사(千秋使)의 한 사람으로 선발되어 중국에 다녀옴. 명나라의 각처와 고서점을 다니며 진귀한 책과 유교, 불교 경전을 입수하여 조정으로 보냈고, 광해군은 그의 능력을 칭송함

● 1616년(48세)

광해군 8년 사직 제조(社稷提調)를 거쳐 자헌대부로 승진. 형조판서가 되고, 그해 역모로 몰린 인사 중 유찬과의 관계가 문제가 되어 파직당했으나 곧 복직

● 1617년(49세)

광해군 9년 정2품 의정부좌참찬 겸 예조판서에 오름. 그러나 흉격 사건에 연루되어 길주에 유배됐다가 풀려남. 12월 12일 의정부좌참찬이 되었다가 그해 12월 26일 우참찬이 됨. 그러나 기준격 등은 계속 상소를 올려 그가 역모를 꾸민다고 공격함

● 1618년(50세)

광해군 10년 1월 기준격은 계속 상소를 올려 그를 공격했고, 자신의 최후를 예감한 허균은 8월 16일 자신의 문집인 《성소부부고》를 딸의 집으로 옮겨 놓고 다음 날 체포됨. 의금부로 압송된 뒤 국문을 받고 8월 24일 한성부에서 능지처참됨. 시집간 두 딸은 연좌되지 않았고 그의 아들들은 연좌되어 처형당함

허균 중학교 2학년 - 15세

- 2009년 6월 8일 쌍용자동차 전체 근로자의 36% 인력감축(1,056명 해고, 쌍
  용자동차 사태 시작)

- 2009년 5월 22일 쌍용자동차 정리 해고 평택 공장 점거 철회 농성 시작
  (77일간)

- 2009년 8월 4일 경찰 헬기로 진압, 다음날 2차 진입

허균 중학교 3학년 - 16세

- 한상균 쌍용자동차 노조 위원장 농성 주도 혐의로 징역 3년 선고받음
  (2012년 8월 만기출소)

허균 고등학교 1학년 - 17세

- 2011년 12월 쌍용자동차 평택 공장 앞 희망 텐트 - 인도 마힌드라 그룹
  으로 경영권 넘어감

허균 고등학교 2학년 – 18세

- 2012년 4월 5일~2013년 4월 5일 쌍용자동차 서울 대한문 앞 천막 농성
- 2012년 11월 21일~2013년 5월 9일 쌍용자동차 평택 30m 송전탑 고공 농성

허균 재수 – 20세

- 2014년 4월 16일 세월호 사건
- 2014년 8월 14일~8월 18일 교황 한국 방문, 세월호 가족과 만남
- 2014년 12월 13일~2015년 3월 23일 쌍용자동차 평택 공장 70m 굴뚝 농성
- 2014년 12월 26일 한상균 민주노총 위원장으로 당선

허균 대학교 1학년 – 21세

- 2015년 4월 중앙대학교 철학과 09학번 김창인 자퇴 선언
- 2015년 10월 쌍용자동차 인도 본사 원정 시위
- 2015년 10월 17일 쌍용자동차 평택 공장 김득중 지부장 42일째 단식
- 2015년 12월 10일 한상균 민주노총 위원장 체포됨

허균 대학교 2학년 – 22세

- 2016년 7월 4일 한상균 위원장 징역 5년 선고됨
- 2016년 10월 10일 시흥 캠퍼스 실시 협약 철회를 주장하며 서울대 총학 생회 서울대 본관과 총장실 점거 농성

- 2016년 10월 20일 최순실 게이트 폭로
- 2016년 10월 29일 1차 광화문 촛불 집회
- 2016년 12월 9일 박근혜 대통령 탄핵안 가결

허균 대학교 3학년 – 23세

- 2017년 1월 17일 서울대 본관 점거 농성 100일째(97개 시민 사회 단체와 학생들의 지지 서명 3,600여 명)
- 2017년 3월 10일 박근혜 대통령 탄핵
- 2017년 3월 11일 서울대 본관 점거 농성 강제 해산, 65년 만에 첫 백지 학보 발행(153일간의 농성)
- 2017년 3월 13일 서울대 총장 퇴진 촉구 서명 운동 시작, '서울대의 민주주의는 죽었다'라는 제목의 성명서 발표
- 2017년 3월 22일 세월호 인양
- 2017년 4월 15일 대선 후보자 등록 개시일
- 2017년 4월 17일 선거 운동 개시일
- 2017년 5월 8일 선거 운동 종료일
- 2017년 5월 10일 문재인 대통령 당선
- 2017년 5월 19일 서울대 총학생회 점거 농성 학생 징계 고발 철회 촉구 기자회견(1만 지지자 선언 발표)

- 2018년 현재 한상균 민주노총 위원장 아직도 감옥에 있음

〈허균의 집안〉

아버지 허엽

조선 명종 때의 문신(1517~1580). 자는 태휘(太輝). 호는 초당(草堂). 1568년에 중국 명나라에 다녀와 향약을 시행할 것을 건의하였으며,《삼강이륜행실 (三綱二倫行實)》의 편찬에 참여했습니다. 저서에《초당집》,《전언왕행록(前言 往行錄)》등이 있습니다.

　　허엽은 동인의 영수였으며 대사간과 경상도 관찰사 등의 고위직을 거 쳤습니다. 강릉의 맑은 물로 초당 두부를 만들어 명성을 떨치기도 합니다.

하지만 이로 인해 관료가 장사한다고 탄핵을 받기도 했습니다. 허균의 나이 12살 때 사망합니다.

이복형 허성

조선 선조 때의 문신(1548~1612). 자는 공언(功彦). 호는 악록(岳麓) · 산전(山前). 이조, 예조 판서를 거쳤으며 당파를 초월해 정치적 견해를 편 인물로 유명합니다. 허성은 임진왜란 직전 통신사의 서장관으로 일본에 다녀온 바 있습니다. 이때 통신사였던 동인 김성일과 서인 황윤길이 전쟁 가능성의 유무를 두고 엇갈린 주장을 편 것은 유명한 역사적 사건입니다. 허성은 그때 그가 속했던 당파가 동인이었음에도 전쟁 가능성이 없다는 자기 파벌의 부사 김성일의 의견과 달리 그 가능성이 농후하다는 서인 당파의 정사 황윤길의 주장에 동조하는 등 국익 우선의 정치 노선을 걸었습니다.

친형 허봉

조선 선조 때의 문신(1551~1588). 자는 미숙(美叔). 호는 하곡(荷谷). 서사(書史)에 밝은 문장가로, 저서에《하곡조천기》,《이산잡술(伊山雜述)》,《해동·아언》 등이 있습니다. 허균의 친형으로 유희춘(柳希春)의 문하에서 배웠으며 1572년 친시문과에 응시하여 병과로 급제하였습니다. 이듬해 사가독서(賜暇讀書)를 하였으며, 1574년에는 명나라에 파견되는 수행사신 성절사의 서장관으로 자청하여 명나라에 다녀왔습니다. 뒤에 명나라를 다녀온 기행문《하곡조천기(荷谷朝天記)》를 썼습니다. 1575년 이조좌랑, 1583년 창원부사를 역임했으며 조정의 당론이 동인과 서인으로 나뉘면서 그는 부친 허엽을 따라 동인이 되었으며, 김효원(金孝元) 등과 함께 동인의 선봉이 되어 서인과 대립하였습니다. 최종 관직은 통훈대부 사헌부 장령, 성균관 전한에 이르렀으며 1584년 병조판서 율곡 이이(李珥)의 직무상 과실을 탄핵하였다가 함경도 종성에 유배되었고, 이듬해 석방되었습니다. 풀려난 뒤 정치에 뜻을 버리고 방랑 생활을 하다가 금강산에 들어가 은거하던 중 황달로 38세의 나이에 죽었습니다. 허균의 나이 20살 때였습니다.

누나 허난설헌

조선 중기의 시인, 작가, 화가입니다. 본명은 초희(楚姬)로, 다른 이름은 옥혜(玉惠)입니다. 호는 난설헌(蘭雪軒), 난설재(蘭雪齋)이고, 자는 경번(景樊)입니다. 이달(李達)에게 시와 학문을 배워 천재적인 시재(詩才)를 발휘하였습니다. 1577년(선조 10년) 김성립(金誠立)과 결혼했으나 결혼 생활은 원만하지 못했습니다. 자신의 불행한 처지를 시작으로 달래어 섬세한 필치와 독특한 감상을 노래했으며, 애상적 시풍의 특유 시 세계를 이룩하였습니다. 특히 한시에 능하였습니다. 한시에 〈유선시(遊仙詩)〉, 가사 작품에 〈규원가〉, 〈봉선화가〉 따위가 있고, 유고집에 《난설헌집》이 있습니다.

〈주변 인물〉

강변칠우

스스로 강변칠우(江邊七友)라 부르던 일곱 명의 서자(庶子)들이 있었습니다. 박응서(朴應犀), 서양갑(徐羊甲), 심우영(沈友英), 이준경(李俊耕), 박치인(朴致仁), 박치의(朴致毅), 김평손(金平孫) 등입니다. 이들은 허균과 친밀한 관계를 갖습니다. 이들은 자신의 무리를 무륜당(無倫堂)이라 이름 짓고, 시대를 한탄하며 세월을 보냈습니다. 모두 고관의 자제들인데다가 재능도 뛰어났지만, 서자 신분이라 벼슬길에 나아갈 수 없었습니다. 후에 모반을 꾀한다고 허위로 고발된 사건으로 이들은 고난을 겪습니다. 그 사건을 '칠서의 난'이라 말합니다. 이 사건을 계기로 광해군 때 대규모의 옥사가 벌어지는데, 이를 계축옥사라 합니다. 허균은 마침 명나라 사신으로 가 있어서 이 옥사를 면하게 됩니다.

이달

이수함의 서자로 태어난 조선의 시인이고, 호는 손곡(蓀谷)입니다. 서얼 출신이라는 신분적 제약으로 벼슬길이 막힌 울분을 시문(詩文)으로 달래며 지금의 강원도 원주시 부론면 손곡리(蓀谷里)에 은거해 호를 손곡이라 하고 제자교육으로 여생을 보냈습니다. 허균의 형인 허성, 허봉과 친분이 두터웠고, 말년에는 허균과 허난설헌을 가르쳤는데, 특히 허균에게는 많은 영향을 끼친 것으로 알려졌습니다. 허균은 스승의 전기로《손곡산인전(蓀谷山人傳)》을 집필했습니다.

저서에 문집《손곡시집(蓀谷詩集)》이 전해집니다. 이 문집은 제자 허균이 저본(底本)을 수집하고, 아들 이재영(李再榮)이 편찬해 1618년경 간행한 초간본으로 한시(漢詩) 330여 수가 실려 있습니다. 강원도 원주시 부론면 손곡리에 그의 시 정신을 기리는 손곡시비(蓀谷詩碑)를 세웠습니다.

이매창

본명은 이향금(李香今), 자는 천향(天香), 매창(梅窓)은 호입니다. 계유년에 태어났으므로 계생(桂生)이라 불렀다 하며, 계랑(桂娘 또는 桂娘)이라고도 하였습니다. 아버지는 아전 이탕종(李湯從)이라 전해집니다. 시문과 거문고에 뛰어나 당대의 문사인 유희경(劉希慶), 허균(許筠), 이귀(李貴) 등과 교유가 깊었습니다. 부안(扶安)의 기생으로 개성의 황진이(黃眞伊)와 더불어 조선 명기의 쌍벽을 이루었습니다. 허균의《성소부부고(惺所覆瓿藁)》에도 계생과 시를 주고받은 이야기가 전해집니다. 그리고 계생의 죽음을 전해 듣고 애도하는 시와 함께 매창의 사람됨에 대하여 간단한 기록이 덧붙어 있습니다. 그녀는 시에서 가늘고 약한 선으로 자신의 숙명을 그대로 읊고 자유자재로 시어를 구사하였습니다.《매창집》을 남겼습니다.

유희경

본관은 강화(江華). 자는 응길(應吉). 호는 촌은(村隱). 아버지는 종7품인 계공랑(啓功郞) 유업동(劉業仝)이고 어머니는 허 씨(許氏)입니다. 이매창과 연인관계이며 시인입니다. 시는 한가롭고 담담하여 당시(唐詩)에 가깝다는 평을 들었습니다. 허균(許筠)의《성수시화(惺叟詩話)》를 살펴보면, 유희경을 천인으로서 한시에 능통한 사람으로 꼽았습니다. 천민 출신이나 한시를 잘 지어 당시의 사대부들과 교유했으며 자기 집 뒤의 시냇가에 돌을 쌓아 대를 만들어 '침류대(枕流臺)'라고 이름 짓고 그곳에서 유명 문인들과 시로써 화답했다고 합니다. 그때 서로 주고받은 시를 모아《침류대시첩(枕流臺詩帖)》을 만들었습니다. 문집으로《촌은집(村隱集)》3권이 전하며 그 밖의 저서로《상례초(喪禮抄)》가 있습니다.

《홍길동전》

조선 광해군 때에 허균이 지은 우리나라 최초의 한글 소설입니다. 능력이
뛰어나지만, 재상가 서얼로 태어난 탓에 천대를 받던 홍길동이, 집을 나와
활빈당이라는 집단을 결성하여 관아와 해인사 따위를 습격하다가 율도국
을 건설한다는 내용으로, 당시 사회 제도의 결함, 특히 적서 차별(嫡庶差別)
을 타파하고 부패한 정치를 개혁하려는 의도로 지은 사회 소설입니다.

《도문대작(屠門大嚼)》

《도문대작》은 "고깃집 문 앞에서 크게 입맛을 다신다"는 뜻으로, 실제로 가
지지 못하지만 상상만으로도 마치 얻은 것처럼 만족하는 것을 비유하는 말
입니다.

1611년에 허균이 우리나라 팔도의 명물 토산품과 별미음식을 소개한
책 제목입니다. 이 책은 허균이 바닷가로 귀양 갔을 때에 쓴 책입니다. 귀양
지의 거친 음식을 먹게 되자 전에 먹었던 좋은 음식을 생각나는 대로 적어
놓은 것입니다.

《도문대작》의 서술 내용에는 병이류 11종목, 채소와 해조류 21종목,

어패류 39종목, 조수육류 6종목, 기타 차·술·꿀·기름·약밥 등과 서울에서 계절에 따라 만들어 먹는 음식 17종을 덧붙여 적었습니다. 《도문대작》은 특히, 허균 자신이 직접 그곳을 찾고 음식을 맛본 것들입니다. 따라서 간략한 해설이지만 식품과 음식의 실상을 알 수 있는 좋은 자료가 됩니다. 더욱이 별미음식이 넓은 지역에 걸쳐 선정되어 있으므로 당시 상류계층의 식생활과 향토의 명물을 일별할 수 있어, 17세기의 우리나라 별미음식을 알 수 있는 좋은 자료입니다.

《성소부부고(惺所覆瓿藁)》

허균의 대표적 저술입니다. 광해군 3년(1611년, 허균 43세) 전라도 함열지방으로 귀양 가서 옛 글들을 정리한 것입니다. 처음엔 64권이었는데, 현재 26권만 남아 있습니다. 제목은 '장독을 덮을 정도의 책'이라는 뜻으로 자신이 쓴 글이 보잘것없음을 겸손하게 표현한 것입니다. 허균이 사형당하기 직전 빼돌려 오늘날에 전해지지만, 하마터면 빛을 보지 못했을 책입니다. 구성은 다음과 같습니다.

○권 1-2: 시(詩)
○권 3: 사(辭)와 부(賦)
○권 4-21: 문(文) [각종 글이 실려 있음. 각종 논설, 편지, 제문(祭文), 한문 소설(傳) 5편, 〈엄처사전〉, 〈손곡산인전〉, 〈장산인전〉, 〈장생전〉, 〈남궁선생전〉 등 포함]
○권 22-24: 성옹지소록(惺翁識小錄) [중국과 한국의 일화들을 기록한 것]

○권 25: 성수시화(惺叟詩話) [시(詩)의 평가와 시작(詩作)에 관계된 일화
  들 소개]

○권 26: 도문대작(屠門大嚼) [음식에 관한 이야기들]

《한정록(閑情錄)》

광해군 2년(1610년, 허균 42세)에 처음 지었다가 광해군 10년(1618년 허균 50세)
에 증보(增補)했습니다.. 이것이 현재 전하는 《한정록》입니다. 이 책은 저술
보다는 편저(編著)라고 보는 것이 좋은데, '한가한 생활' 즉 '벼슬을 갖지 않
은 생활' 또는 '은거 생활'에 대한 이야기들을 여러 책에서 옮겨 적었고 일
부 허균 자신의 설명을 붙여 놓았습니다. 모두 17권으로 이루어져 있는데,
은둔(隱遁), 고일(高逸), 한적(閑寂) 등에서부터 농사짓는 것, 꽃에 관한 이야기
등에 이르기까지, 은둔에 대한 일화와 은둔해 사는 데 필요한 사실들을 기
록하였습니다.

개와 나눈 이야기, 〈산구게(山狗偈)〉

허균의 문집인 《성소부부고》 12권에는 잡문으로 분류되는 글들이 4편 있
는데, 그중 하나가 〈산구게〉입니다. 비록 잡문으로 분류되었으나 시 형식
을 띤 글로 장편 시입니다. 허균의 불교사상을 엿볼 수 있습니다. 일부를 소
개합니다.

바싹 여윈 저 개야 / 너는 어디서 왔느냐 / 또 어디로 가며 / 무엇을 구
하고 무엇을 보느냐
개가 말했다. 진심으로 대답하겠소 / 나는 부처님 말씀을 믿지 않았지

요 / 내 전생은 인간이었는데 / 이익이며 권력이나 사랑받는 걸 좋아하며 / 사람을 형벌에 빠뜨리고 / 온갖 탐욕으로 재물을 쌓았다오 / 이 때문에 천벌을 받아 / 저 아비지옥에 떨어져서 / 무량겁의 고통받고 / 이제 겨우 개 몸으로 태어났소 / 내 전생의 잘못 참회하고 / 크게 맹세하여 / 고기도 안 먹고 집에도 있지 않고서 / 부처님 보살님께 참배하고 / 아미타불을 묵념합니다 (……)

말 마치고 뜰에 꿇어앉아 / 귀 늘어뜨리고 잘못을 호소하는 듯하여 / 개 목줄을 보니 / 여러 산 이름 적혀 있구나 / 진정 고기 안 먹냐고 중에게 물으니 / 참으로 그렇다고 대답한다 / 석가모니의 말씀에 / 개에게 부처님의 성품이 있다더니 / 그 말이 거짓이 아니었구나. (……)

〈호민론(豪民論)〉

허균의 정치사상을 가장 명료하게 알 수 있는 글로 〈호민론〉을 들 수 있습니다. 허균은 〈호민론〉에서 백성을 항민(恒民), 원민(怨民), 호민(豪民) 등 셋으로 구분하고, 호민의 중요성을 이야기합니다. 호민은 요즘말로는 저항적 지식인이라 할 수 있습니다. 이에 비해 항민은 자신의 일상사만 챙기고 욕심에 사로잡혀 윗사람에게 부림만 당하는 사람이며, 원민은 많은 것을 빼앗기고 억울한 일을 당하면 윗사람을 원망하지만, 저항은 엄두도 못 내는 사람입니다. 하지만 항민이나 원민도 호민이 변혁의 기회를 틈타 들고 일어나면 호민을 따르게 마련이라고 생각했습니다. 그리고 허균은 그러한 일을 하는 호민의 대표적 인물로 홍길동을 창조한 것입니다.

허균의 〈호민론〉을 소개합니다.

홍수나 화재, 호랑이, 표범보다도 훨씬 더 국민을 두려워해야 하는데, 윗자리에 있는 사람이 항상 업신여기며 모질게 부려먹음은 도대체 어떤 이유인가?

대저 이루어진 것만을 함께 즐거워하느라, 항상 눈앞의 일들에 얽매이고, 그냥 따라서 법이나 지키면서 윗사람에게 부림을 당하는 사람들이란 항민(恒民)이다. 항민이란 두렵지 않다. 모질게 빼앗겨서, 살이 벗겨지고 뼈골이 부서지며, 집안의 수입과 땅의 소출을 다 바쳐서, 한없는 요구에 제공하느라 시름하고 탄식하면서 그들의 윗사람을 탓하는 사람들이란 원민(怨民)이다. 원민도 결코 두렵지 않다. 자취를 푸줏간 속에 숨기고 몰래 딴 마음을 품고서, 천지간(天地間)을 흘겨보다가 혹시 시대적인 변고라도 있다면 자기의 소원을 실현하고 싶어 하는 사람들이란 호민(豪民)이다. 대저 호민이란 몹시 두려워해야 할 사람이다.

호민은 나라의 허술한 틈을 엿보고 일의 형세가 편승할 만한가를 노리다가, 팔을 휘두르며 밭두렁 위에서 한 차례 소리 지르면, 저들 원민이란 자들이 소리만 듣고도 모여들어 모의하지 않고도 함께 외쳐대기 마련이다. 저들 항민이란 자들도 역시 살아갈 길을 찾느라 호미·고무래·창자루를 들고 따라와서 무도한 놈들을 쳐 죽이지 않을 수 없는 것이다.

진(秦) 나라의 멸망은 진승(陳勝)·오광(吳廣) 때문이었고, 한(漢) 나라가 어지러워진 것도 역시 황건적(黃巾賊)이 원인이었다. 당(唐) 나라가 쇠퇴하자 왕선지(王仙芝)와 황소(黃巢)가 틈을 타고 일어섰는데, 마침내 그것 때문에 인민과 나라가 멸망하고야 말았다. 이런 것은 모두 백성을 괴롭혀서 자기 배만 채우던 죄과이며, 호민들이 그러한 틈을 편승할 수 있어서였다.

대저 하늘이 사목(司牧 임금)을 세운 것은 양민(養民)하기 위함이고, 한 사람이 위에서 방자하게 눈을 부릅뜨고, 메워도 차지 않는 구렁 같은 욕심을 채우게 하려던 것이 아니었다. 그러므로 저들 진(秦) · 한(漢) 이래의 화란은 당연한 결과이지 불행한 일이 아니었다.

지금의 우리나라는 그렇지 않다. 땅이 좁고 험준하여 인민도 적고, 백성은 또 나약하고 좀 착하여 기절(奇節)이나 협기(俠氣)가 없다. 그런 까닭에 평상시에도 큰 인물이나 뛰어나게 재능 있는 사람이 나와서 세상에 쓰어지는 수도 없었지만, 난리를 당해도 호민 · 한졸(悍卒)들이 창란(倡亂)하여, 앞장서서 나라의 걱정거리가 되게 하던 자들도 역시 없었으니 그런 것은 다행이었다.

비록 그렇다 하더라도, 지금의 시대는 고려 때와는 같지 않다. 고려 시대는 백성에게 부세(賦稅)하는 것이 한정되어 있었고, 산림(山林)과 천택(川澤)에서 나오는 이익도 백성들과 함께 나누어 가졌다. 상업은 자유롭게 통행되었고, 공인(工人)에게도 혜택이 돌아가게 하였다. 또 수입을 헤아려 지출할 수 있도록 하였으니 나라에는 여분을 저축해 둔 것이 있었다. 그래서 갑작스러운 큰 병화(兵禍)와 상사(喪事)가 있더라도 그 부세(賦稅)를 증가하지 않았었다. 고려는 말기에 와서까지도 삼공(三空)을 오히려 걱정해 주었다.

우리나라는 그렇지 않아, 번번치 못한 백성들에게서 거두어들이는 것으로써 귀신을 섬기고 윗사람을 받드는 범절만은 중국과 동등하게 하고 있다. 백성들이 내는 세금이 5푼(分)이라면 공가(公家, 관청)로 돌아오는 이익은 겨우 1푼(分)이고 그 나머지는 간사스러운 사인(私人)에게 어지럽게 흩어져 버린다. 또 고을의 관청에는 남은 저축이 없어 일만 있으면 1년에 더러는 두 번 부과하고, 수령(守令)들은 그것을 빙자하여 마구 거두어 들임은 또한 극도에 달하지 않음이 없었다.

그런 까닭으로 백성들의 시름과 원망은 고려 말엽보다 훨씬 심하다. 그러나 위에 있는 사람은 태평스러운 듯 두려워할 줄을 모르니 우리나라에는 호민(豪民)이 없기 때문이다. 불행스럽게 견훤(甄萱)·궁예(弓裔) 같은 사람이 나와서 몽둥이를 휘두른다면, 시름하고 원망하던 백성들이 가서 따르지 않으리라고 어떻게 보장하며, 기주(蘄州)·양주(梁州)·6합(合)의 변란은 발을 제겨 딛고서 기다릴 수 있으리라. 백성 다스리는 일을 하는 사람이 두려워할 만한 형세를 명확히 알아서 전철(前轍)을 고친다면 그런대로 유지할 수 있으리라.

〈유재론(遺才論)〉

〈유재론〉의 '유재(遺才)'는 '인재를 버린다'라는 뜻으로 이 글에서 글쓴이는 우리나라처럼 좁은 땅에서는 인재 자체가 적게 나는데 그것조차 신분 제도에 의해 제한하면서, 우리나라에는 인재가 없다고 하는 점을 비판하고 있다. 여기서 가장 비판적으로 보고 있는 것은 인재를 등용하는 데 있어 출신을 차별하는 문제점으로 이의 시정을 촉구하고 있다.

나라를 다스리는 사람은 임금과 더불어 하늘이 준 직분을 행하는 것이니 재능이 없어서는 안 된다. 하늘이 인재를 내는 것은 본디 한 시대의 쓰임을 위해서이다. 그래서 하늘이 사람을 낼 때는 귀한 집 자식이라고 하여 풍부하게 주고 천한 집 자식이라 하여 인색하게 주지는 않는다. 그래서 옛날의 어진 임금은 이런 것을 알고, 인재를 더러 초야(草野)에서도 구하고 더러 항복한 오랑캐 장수중에서도 뽑았으며, 더러 도둑 중에서도 끌

어울리고, 더러 창고지기를 등용하기도 했다. 이들은 다 알맞은 자리에 등용되어 재능을 한껏 펼쳤다. 나라가 복을 받고 치적(治績)이 날로 융성케 된 것은 이 방법을 썼기 때문이다.

중국같이 큰 나라도 인재를 빠뜨릴까 걱정하여 늘 그 일을 생각한다. 잠자리에서도 생각하고 밥 먹을 때에도 탄식(歎息)한다.

어찌하여 숲 속과 연못가에서 살면서 큰 보배를 품고도 팔지 못하는 자가 수두룩하고 엉컬찬 인재가 하급 구실아치 속에 파묻혀서 끝내 그 포부를 펴지 못하는가? 정말 인재를 모두 얻기도 어렵거니와 모두 거두어 쓰기도 또한 어렵다.

우리나라는 땅덩이가 좁고 인재가 드물게 나서 예부터 걱정거리였다. 더구나 조선 시대에 들어와서는 인재 등용의 길이 더 좁아져서 대대로 명망 있는 집 자식이 아니면 좋은 벼슬자리를 얻지 못하고 바위 구멍과 떠풀 지붕 밑에 사는 선비는 비록 뛰어난 재주가 있어도 억울하게도 등용되지 못한다. 과거에 합격하지 않으면 높은 지위를 얻지 못하고 비록 훌륭해도 과거를 보지 않으면 재상(宰相) 자리에 오르지 못한다.

하늘은 재주를 고르게 주는데 이것을 명문의 집과 과거(科擧)로써 제한하니 인재가 늘 모자라 걱정하는 것은 당연하다. 동서고금에 첩이 낳은 아들의 재주를 쓰지 않는다는 말은 듣지 못했다. 우리나라만이 천한 어미를 가진 자손이나 두 번 시집 간 자의 자손을 벼슬길에 끼지 못하게 한다.

조막만 하고 더욱이 양쪽 오랑캐 사이에 끼어 있는 이 나라에서 인재를 제대로 쓰지 못할까 두려워해도 더러 나랏일이 제대로 될지 점칠 수 없는데, 도리어 그 길을 스스로 막고서 "우리나라에는 인재가 없다"고 탄식한다. 이것은 남쪽 나라를 치러 가면서 수레를 북쪽으로 내달리는 것과 무엇이 다르겠느냐. 참으로 이웃 나라가 알까 두렵다.

한낱 여인네가 원한을 품어도 하늘이 마음이 언짢아 오뉴월에 서리를 내리는데 하물며 원망을 품은 사내와 원한에 찬 홀어미가 나라의 반을 차지하니 화평한 기운을 불러오기는 어려우리라.

옛날 어진 인재는 보잘 것 없는 집안에서 많이 나왔다. 그때에도 지금 우리나라와 같은 법을 썼다면, 범중엄(范仲淹)이 재상 때에 이룬 공업(功業)이 없었을 것이요, 진관(陳瓘)과 반양귀(潘良貴)는 곧은 신하라는 이름을 얻지 못하였을 것이며, 사마양저(司馬穰苴), 위청(衛靑)과 같은 장수와 왕부(王府)의 문장도 끝내 세상에서 쓰이지 못했을 것이다.

하늘이 냈는데도 사람이 버리는 것은 하늘을 거스르는 것이다. 하늘을 거스르고도 하늘에 나라를 길이 유지하게 해 달라고 비는 것은 있을 수 없는 일이다. 나라를 다스리는 자가 하늘의 순리를 받들어 행하면 나라의 명맥(命脈)을 훌륭히 이어 갈 수 있을 것이다.

1.   허균은 그의 친구들과 독서 모임을 갖고 이름을 정합니다. 그 독서 모임의

이름은 무엇인가요? 1장 참조

2.   허균이 친구들과 독서 모임에서 읽은 책은 《분서》입니다. 이 책의 저자는

누구일까요? 1장 참조

3. 허균의 아버지 허엽은 두부 사업을 하여 돈을 벌었습니다. 강릉의 맑은

    물로 빚은 이 두부는 역사적으로도 유명하지요. 허균 아버지의 호를

    이름으로 건 이 두부의 이름은 무엇일까요? 1장 참조

4. 허균의 친누이인 초희는 어렸을 때부터 시를 잘 써서 신동으로 알려져

    있습니다. 역사적으로 허균은 누이의 문집을 지어 중국에 알리기도 했지요.

    이 누이의 호(號)는 무엇일까요? 부록 〈허균 주변의 역사적 실존 인물〉 참조

5. 소설 속에 허균이 전국을 돌아다니며 온갖 음식을 맛보고 쓴 책이

있습니다. '고깃집 앞에서 입맛을 다시며'로 번역한 이 책의 이름은

무엇일까요? 4장, 부록 〈허균의 작품과 사상〉 참조

6. 소설의 허균은 재수 시절 낙산사에 가서 지냅니다. 거기서 말이 통하는

개를 만나 이야기를 나누기도 하지요. 개와 나누는 이야기는 실제로 허균의

산문에서 아이디어를 빌려온 것인데요. 이 산문의 제목은 무엇일까요?

5장 참조

7. "천하에 가장 두려운 것은 오직 백성뿐이다."라고 시작되는 허균의

혁명사상이 담겨있는 산문의 제목은 무엇일까요? 6장, 부록 〈허균의

작품과 사상〉 참조

1. 프롤로그에서 허균은 친구들과 《분서》를 읽고 흥분한다. 지금껏 살아오면서,

   자신을 흥분하게 하는 사건이나 책이 있으면 이야기해 봅시다.

2. 1장에서 허균과 친구들은 〈무륜당 동인지〉를 발간하여, 서로의 생각을

   표현하였다. 요즘에는 종이책보다는 SNS를 선호하는 편인데, 종이책과

   인터넷 문서 사이에 어떤 공통점과 차이점이 있을까? 종이책 시장의 전망은

   어떻게 될지 서로 이야기를 나눠 봅시다.

3. 2장에서 소설 속 허균의 형인 허봉과 누이인 허초희(허난설헌)는 대학을 중도에 그만두는데, 이러한 태도에 대해서는 어떻게 생각하는가? 2010년 고려대학교 경영학과 김예슬도 자퇴를 선언하여 사회적 쟁점이 되었다. 이에 대한 기사를 검색해 보고, 서로의 의견을 나눠 봅시다.

4. 허균은 《홍길동전》의 작가로 유명하다. 《홍길동전》은 당시의 적서 차별에 항거하면서 새로운 세계를 꿈꾸고 건설하는 이야기이다. 과거 조선 시대에는 적서 차별이 문제였다면, 오늘날에는 어떠한 차별이 우리에게 가장 큰 문제일까? 자신이 겪었거나 겪고 있는 차별 문제에 대하여 서로 이야기를 나눠 봅시다.

5. 4장에서 허균은 편의점 아르바이트를 경험한다. 소설 속에서는 별문제 없이 알바 생활을 하지만, 오늘날 청소년이나 청년들의 알바 현실은 그렇지 않은 경우가 많다. 자신이 경험했거나 주변에서 들은 아르바이트 이야기를 서로 나눠 보자. 그리고 아르바이트 할 때 유의할 점이나 문제가 발생했을 때 대처 방법에 관하여 이야기를 나눠 봅시다.

6. 소설 속 허균은 낙산사에서 무심이라는 개와 대화할 수 있는 것으로 설정되었다. 만약에 여러분이 동물과 이야기를 나눌 수 있다면, 어떤 동물과 이야기를 나누고 싶은지, 어떠한 이야기를 나누고 싶은지 이야기해 봅시다.

7. 소설 속 허균은 세월호 사건과 쌍용자동차 사건 등 다양한 역사적 사건과 연결되어 갈등하고 고통스러워한다. 여러분이 겪은 역사적 사건을 정리해 보고, 그 사건이 여러분에게 미친 영향은 어떤 것이 있는지 서로 이야기를 나눠보자. 아울러 〈1987〉이라는 영화를 보면 여러분보다 앞선 부모님 세대의 이야기가 나온다. 영화를 보고 그 당시를 살았던 어른들과도 이야기를 나눠 봅시다.

8. 허균은 서울대에 입학하여, 교육혁명을 꿈꾸면서 다양한 실험을 하고, 서울대를 점거하기도 한다. 이러한 허균의 모습을 보면서 무슨 생각이 드는지 이야기를 나눠 보자. 만약에 여러분이 교육혁명을 한다면 가장 시급하게 바뀌어야 할 것은 무엇인지도 이야기를 나눠 봅시다.